GENTE DE LA CALLE

2

Guía didáctica

Neus Sans

Guía didáctica
Gente de la calle 2

Autora:
Neus Sans

Coordinación editorial y redacción:
Eduard Sancho

Transcripciones:
Montse Martínez

Corrección:
Montse Belver

Diseño y maquetación:
Lula Alegre

© Difusión, S.L., Barcelona, 2001
ISBN: 84-89344-83-3
Depósito legal: B-8452-2001

1ª edición - febrero 2001

Impreso en España por TESYS Industria Gráfica, S.A.
Este libro está impreso en papel ecológico

DIFUSIÓN

Centro de Investigación y Publicaciones de Idiomas, S.L.
C/ Trafalgar, 10 entlo. 1ª 08010 Barcelona Tel. 93 268 03 00 Fax 93 310 33 40
e-mail: editdif@intercom.es
http://www.difusion.com

1. EL MENú DEL DíA

pág. 10

Material complementario para:

Si trabaja con...	GENTE	OTROS MATERIALES
	Gente que come bien (GENTE 1)	Unidades didácticas en las que se trabaja el léxico de la alimentación y los recursos para desenvolverse en restaurantes y en tiendas.

2. MISTERIO EN ALMAGRO

pág. 20

Material complementario para:

Si trabaja con...	GENTE	OTROS MATERIALES
	Gente que viaja (GENTE 1) *Gente e historias (GENTE 1)* *Gente de novela (GENTE 2)* *Gente de cine (GENTE 3)*	Unidades didácticas en las que se practica el relato.

3. DE MADRID AL CIELO

pág. 28

Material complementario para:

Si trabaja con...	GENTE	OTROS MATERIALES
	Gente de vacaciones (GENTE 1) *Gente de ciudad (GENTE 1)*	Unidades didácticas en las que se practica la descripción y la valoración de lugares.

4. LOS ENCABO Y LOS NIEVA

pág. 38

Material complementario para:

Si trabaja con...	GENTE	OTROS MATERIALES
	Gente en casa (GENTE 1) *Gente que come bien (GENTE 1)* *Gente y culturas (GENTE 3)*	Unidades didácticas en las que se trabaja sobre las relaciones familiares y los usos sociales en el ámbito de las invitaciones, las presentaciones, etc.

5. ÁLBUM DE RECUERDOS

pág. 52

Material complementario para:

Si trabaja con...	GENTE	OTROS MATERIALES
	Gente e historias (GENTE 1) *Gente de novela (GENTE 2)* *Gente genial (GENTE 3)*	Unidades didácticas en las que se practica el relato biográfico.

EL VÍDEO EN LA CLASE DE IDIOMAS: VENTAJAS E INCONVENIENTES

Todo profesor de lengua extranjera es hoy en día consciente de las múltiples virtudes del vídeo como herramienta en el aula de idiomas. Es incuestionable que nos da la posibilidad de contextualizar al máximo cualquier situación de comunicación y que nos permite trabajar con muestras de lengua arropadas por los numerosísimos elementos no verbales y culturales indisociables de la comprensión íntegra de cualquier texto. El alumno, además, al enfrentarse con un documento en vídeo, moviliza su condición de espectador audiovisual experto; activa, en la comprensión de los documentos, las estrategias y conocimientos previos que tiene frente a un medio, el televisivo, cada vez más presente en su vida. Obvia es también la capacidad motivadora del material audiovisual y lejos está, afortunadamente, el viejo fantasma de que pudiera potenciar una actitud pasiva en los alumnos.

Sin embargo, muchos son los colegas que no hacen un uso frecuente del material en vídeo en su quehacer docente cotidiano. Sería complejo analizar las razones de la escasa tradición del uso del vídeo, especialmente pobre en la enseñanza de E/LE, pero habría que empezar, sin duda, por las puramente logísticas. No obstante, hay que reconocer que el poco uso se da incluso en centros con una infraestructura suficiente. Muchos profesores no dudan en reconocer una cierta "pereza" a integrar en sus clases una herramienta que, evidentemente, tiene un manejo más complejo que el material impreso, y de la que frecuentemente no se saca suficiente partido.

Respecto al material en vídeo utilizado, hemos constatado varias cuestiones. Muchos docentes optan por el uso de **documentos procedentes de los medios de comunicación**. En este caso, es evidente que:
- trabajar con un documento en vídeo, llamémosle "auténtico", es decir, no concebido para un uso pedagógico (publicidad, cine, TV...) exige al profesor un arduo trabajo de preparación (recogida y selección del material, transcripción de las locuciones y diseño de actividades),
- los materiales destinados al espectador nativo exceden frecuentemente en dimensiones y complejidad lingüística las necesidades del aula y el nivel de conocimientos de la mayoría de alumnos,
- en muchas ocasiones, los presupuestos culturales de los documentos destinados a nativos son desconocidos para los alumnos, lo que dificulta en gran medida la comprensión.

Por otra parte, el **material que se ha realizado con fines pedagógicos**, en muchas ocasiones, padece el lastre de ciertos errores de planteamiento en su concepción y objetivos. En primer lugar, los materiales de enseñanza en vídeo suelen tener unas características muy distintas de las producciones audiovisuales a las que está habituado el ciudadano. En muchos casos, los resultados son cinematográficamente mediocres, muy poco motivadores y poco creíbles para un espectador contemporáneo. En segundo lugar, en la producción del vídeo no suelen aprovecharse las características mismas del medio. La excesiva preocupación por utilizar el material para la práctica de aspectos formales desvirtúa las cualidades del propio texto audiovisual. Dicho de un modo sencillo: si el objetivo es simplemente la práctica de estructuras o la presentación de muestras de lengua ejemplificadoras de cuestiones gramaticales, hay herramientas mucho más fáciles y cómodas para el profesorado. Si acudimos al vídeo es porque nos ofrece posibilidades que otros soportes, como la grabación en audio o el documento impreso, no pueden facilitarnos.

GENTE DE LA CALLE: OBJETIVOS Y CARACTERÍSTICAS

De todas estas constataciones, y del convencimiento de que en el mundo de E/LE escaseaba el material que no cayera en la trampa de renunciar a su propia naturaleza y funcionalidad, nace el proyecto *Gente de la calle*. Se necesitaba un material que siguiera siendo audiovisualmente "auténtico" aunque hubiera sido rodado con fines didácticos. Porque auténtico significa, si hablamos de medios de comunicación, que, tanto por el tema tratado como por la forma en que se aborda, es capaz de atraer el interés del alumno-espectador, de despertar en él sus ganas de comprender (lo lingüístico y la nueva realidad cultural que vehicula y que lo contextualiza). Y porque auténtico significa también que está concebido para informar, o divertir... . (¿Quién no ha seguido con atención e interés, y haciendo miles de hipótesis para comprender al máximo, una emisión de TV en una lengua desconocida?).

Estábamos convencidos de que atendiendo a las características del medio en la producción de vídeos didácticos, marcándonos como objetivo principal en interesar al alumno, sí merecía la pena llevar vídeos al aula. Y por ello, en *Gente de la calle* se han intentado respetar siempre las características de los diferentes estilos y géneros de las producciones televisivas (reportajes, encuestas, series, "docudramas",...) y se han buscado, ante todo, temas interesantes y motivadores. Estábamos también convencidos de que eso no era incompatible con la elaboración de un material medido, asequible, desde el punto de la dificultad lingüística y cultural.

CÓMO SE HA REALIZADO *GENTE DE LA CALLE*

La experiencia nos demostró que, efectivamente, el reto era asumible: las cámaras, en la calle, grabando locuciones espontáneas en escenarios reales, liberadas del corsé impuesto por el miedo a la dificultad, y de las restricciones propias de otros soportes, nos proporcionaron un material riquísimo desde el punto de vista lingüístico y cultural. Teníamos en las manos un material de una frescura y autenticidad rara en materiales de enseñanza de idiomas; un material que permitiría acercar al estudiante de E/LE a muchos aspectos de la vida cotidiana de los españoles y ofrecer al profesor una base tanto para trabajar desde una perspectiva intercultural como para reforzar la práctica lingüística.

Posteriormente se realizó la selección y el montaje, con ciertos criterios didácticos: procurar que la imagen siempre facilitara la comprensión, esto es, que hubiera un gran nivel de redundancia entre la imagen y la lengua, incluir textos sobreimpresos de refuerzo, agrupar temáticamente las diferentes intervenciones, y considerar el nivel de dificultad lingüístico en la selección de locuciones, eligiendo las más representativas lingüística y culturalmente, etc.

Con todo ello, hemos querido producir un material que, aunque hubiera sido rodado para la clase de E/LE y fuera utilizable desde un nivel de principiantes, no perdiera el formato de emisión de TV y las virtudes que éste tiene como material de aprendizaje lingüístico e intercultural.

LA GUÍA

Otro de los objetivos consistía en facilitar al máximo la tarea del profesor que quiere trabajar con vídeo y para ello proporcionarle todo el material necesario. Por esta razón se han realizado las guías que acompañan los vídeos.

En este material para el profesor se incluyen diferentes apartados:

1. TRANSCRIPCIÓN DE LAS LOCUCIONES Y OBSERVACIONES
- Transcripción completa de las locuciones.
- Notas explicativas de tipo cultural y sociolingüístico que pueda precisar el profesor (especialmente el no nativo) sobre las imágenes, los temas tratados o la lengua usada por los entrevistados.

2. ACTIVIDADES
- Una serie de propuestas de trabajo para la utilización del vídeo. A continuación incluimos la lista completa de las propuestas didácticas aplicables a cualquier programa, pero, además, en cada capítulo, se señalan las más adecuadas y se adaptan a las necesidades concretas del programa o fragmento con el que se está trabajando.

? ANTES DE VERLO
En cada capítulo de esta guía se sugieren actividades para preparar el visionado de los programas, con finalidades distintas:
- actividades para recuperar conocimientos previos sobre el tema y, de este modo, preparar la comprensión de las locuciones,
- propuestas destinadas a hacer aflorar posibles visiones estereotipadas de los alumnos que obstaculicen el acercamiento a la nueva realidad social que se les presenta en los vídeos,
- actividades cuyo fin es el reconocimiento de las pautas que rigen la propia cultura, como estrategia indispensable para un acercamiento no valorativo a la nueva realidad cultural,

- sugerencias cuyo objetivo es simplemente motivar a los alumnos y suscitar el interés y la curiosidad por el tema del programa con el que se va a trabajar.

UNA IMAGEN, MÁS QUE MIL PALABRAS

Congelando una imagen, se plantean diversas tareas de reflexión intercultural. En algunas ocasiones, se preparará el visionado con esta técnica, a modo de calentamiento, con el fin de recuperar conocimientos previos y tomar conciencia de la propia visión de partida sobre el tema, siempre con el objetivo de estimular en el alumno estrategias de observación de una realidad distinta.

Desde el punto de vista de la práctica lingüística, también puede usarse este tipo de actividades para un trabajo de fijación de vocabulario.

¿CÓMO LO INTERPRETAS?

Tras el visionado, los alumnos elaboran un resumen de lo que han visto. En una puesta en común plenaria, se contrastarán las diferentes interpretaciones, con lo que se enfrentarán diversas percepciones de una misma realidad.

YO NO LO SABÍA

Con una finalidad eminentemente autoevaluativa e intercultural, se les pide a los alumnos que elaboren una lista de aquellos aspectos que han descubierto a partir de un determinado programa, que les han sorprendido o que han transformado su visión de un determinado tema.

IGUAL Y DIFERENTE

También en la línea de desarrollo de la conciencia intercultural, se pide a los alumnos que comparen, por medio de diversas técnicas que se detallan en cada capítulo de la guía, su cultura de origen y la española, con el fin de estimular una comparación no valorativa, y un contraste que considere cada aspecto cultural como un elemento que juega su papel en un sistema de valores y hábitos colectivos.

DOBLAJE Y SUBTITULADO

Los alumnos escriben en grupos un texto posible para subtitular o doblar unos fragmentos determinados del programa. Esto puede realizarse habiendo visionado sin sonido el programa (e imaginan qué pueden estar diciendo) o con sonido (reconstruyen los que han oído en un primer visionado completo).

Otra posibilidad es entregar a los alumnos una transcripción incompleta de la banda sonora. Los alumnos deben completarla tras uno o varios visionados, según el grado de dificultad del documento y de la tarea propuesta.

¿DÓNDE ESTÁ EDU?

Los alumnos durante el visionado tratarán de localizar a Edu, un curioso personaje con una camiseta a rayas blancas y rojas que se "ha colado" en la mayoría de programas. En una puesta en común se discute dónde ha aparecido y qué estaba haciendo.

~~abc~~ NO ES VERDAD

Los alumnos deben contrastar lo que han visto y oído en el programa con informaciones que se les proporcionan y descartar las falsas.

LA MÍA

Cada alumno o grupo de alumnos recibe una ficha con la descripción de una secuencia que forma parte de un documento más largo o que se visionará entre otras secuencias. El alumno o grupo de alumnos deben identificarla cuando aparezca en la pantalla.

LA LISTA

Planteado como juego-concurso entre equipos de alumnos, se les pide que elaboren una lista de objetos o personajes que aparecen o que se mencionan en alguna secuencia o en un programa entero. Gana el equipo o el alumno que haya confeccionado la lista más larga.

3. PARA FOTOCOPIAR

También se incluyen propuestas de actividades para fotocopiar y distribuir entre los alumnos. Algunas de ellas son concreciones de modelos de actividades propuestas en la parte de la guía destinada al profesor.

Neus Sans Baulenas

GENTE DE LA CALLE

EL MENÚ DEL DÍA

En este programa visitamos el Mesón El Lazarillo, un pequeño bar-restaurante situado en el centro histórico de Madrid, en una zona próxima al Paseo del Prado. Se trata del típico pequeño establecimiento que, regentado por una familia, ofrece desayunos, bebidas y aperitivos durante el día, y un menú económico al mediodía. Acompañamos a Luciano, el propietario, en su compra diaria en el mercado de Antón Martín, donde, además, dos vendedores nos explican las recetas de dos platos muy apreciados en Madrid: el pulpo a la gallega y los callos a la madrileña.

▶ DURACIÓN: 13´ 40´´

▶ TEMAS CULTURALES:
    - información sobre la alimentación en España: estructuración de las comidas, platos, ingredientes y procedimientos culinarios frecuentes en la dieta de los españoles, etc.,
    - poner en contacto al alumno con un tipo de restaurantes muy habitual en España y los intercambios comunicativos que suelen desarrollarse allí.

Puede hacer observar también a sus alumnos…
    - algunos platos típicos españoles,
    - el mundo de los mercados tradicionales.

▶ COMUNICACIÓN:
    - léxico de la alimentación (ingredientes, platos, procedimientos…),
    - recursos para desenvolverse en restaurantes y en tiendas de alimentación,
    - recetas de cocina.

EL MENÚ DEL DÍA

MESÓN EL LAZARILLO

➡ *El Lazarillo es, en cuanto a su decoración, bastante representativo de un cierto tipo de restaurantes económicos: muebles de estilo castellano, objetos y motivos que aluden a la vida no urbana, etc. Otras características del local son también muy típicas de los bares españoles, por ejemplo: los cuadros, los manteles, la disposición de objetos en la barra... El nombre del restaurante hace alusión al célebre personaje literario del s.XVI, el Lazarillo de Tormes.*

LUCIANO VA AL MERCADO

(En el mercado)

- ¿Tienes bastante así, **Lázaro**? Un kilo.
- Límpialo bien, que luego se lo van a comer **ellos**.
- Hay buen besugo hoy, ¿eh?
- **Tiene buenos ojos**. Dame la cuenta.

- Buenos días.
- Buenos días.
- ¿Dónde está el tío Quini?
- No está.
- ¿No está? ¿Hoy te ha **abandonao**?
- Hoy me ha abandonao. ¿Qué pasa?
- Venga mira, a ver.
- Dime.
- Vamos a ver, quiero **pa gazpacho**.
- ¿Tomates?
- Tomates pa gazpacho, un par de kilos. Pepinos, un kilo. Pimientos de esos rojos, un par de kilos. De fruta, vamos a ver...
- Hay melones muy buenos.
- Fresquillas, de éstas.
- No, esto son albaricoques.
- Albaricoques.

➡ *Sin duda, puede constatarse en toda España una grave crisis de los mercados tradicionales (como el que visitamos, el de Antón Martín), que están siendo sustituidos en los hábitos de los españoles por las "grandes superficies comerciales" pertenecientes a empresas multinacionales. Sin embargo, este proceso de desaparición del pequeño comercio de alimentación está menos avanzado que en otros países europeos y son muchos los ciudadanos que todavía realizan sus compras en mercados como éste, especialmente las amas de casa de cierta edad en los barrios populares.*

➡ *Los vendedores llaman a Luciano **Lázaro**, como a su restaurante.*

➡ *Ellos: Luciano se refiere al equipo de filmación, que el día del rodaje iba a comer en el propio restaurante.*

➡ *Obsérvese el tuteo entre cliente y vendedores, que en España en este contexto puede considerarse totalmente normal.*

➡ *Luciano dice que el besugo **tiene buenos ojos** refiriéndose a su frescura. Dada la importancia del pescado en la dieta de los españoles, la mayor parte de los consumidores aprecian sobremanera la frescura de un pescado y la saben reconocer.*

➡ *Abandonao, apuntao, etc.: es muy frecuente en el español oral la perdida de la "d" del participio pasado de los verbos de la primera conjugación. Aparecen ejemplos en todo el capítulo.*

➡ *Pa: forma frecuentísima en el oral familiar de "para".*

➡ *Para más información sobre el **gazpacho** véase el tercer apartado, en el que la mujer de Luciano explica la receta.*

- Albaricoques.
- Albaricoques, un kilo. Manzanas...
- Manzanas.
- Dos kilos de éstas.
- De **golden**.
- Sí, de golden, de las buenas.
- ¿Picotas? Sandías, muy buenas.
- Una sandía y un melón. Limones, dos kilos de limones. Pon un kilo de melocotones, sino... también, venga.
- Mira, tengo éstos y éstos. Éstos son los amarillos, y rojos, que son muy buenos los dos de comer.
- ¿Ya? ¿Está todo **apuntao**?
- Todo, muy bien.

➡ *Golden es una variedad de manzanas.*

DOS RECETAS

(En la pescadería)

PULPO A LA GALLEGA

- Tenéis que limpiar bien el pulpo, o sea, se lava el pulpo. En una cazuela se pone agua con una hoja de laurel y un **puñao** de sal. **Le** escaldas, le metes tres veces, cuando está **escaldao** le dejas. Si es una olla normal, veinte minutos y, si es una olla a presión, diez. Le dejas enfriar, le sacáis... Cuando esté frío, le cortas, le cueces una patata, un chorrito de aceite y un poquito de pimentón. Si queréis, un granito de sal gorda... le echáis por encima.

➡ *Los gallegos han emigrado masivamente durante décadas a otras partes de España o al extranjero. Eso hace que la cocina gallega (o al menos sus platos más conocidos) forme parte de la alimentación de toda España. Es el caso del **pulpo a la gallega** (también conocido como "pulpo a feira") muy frecuentemente consumido como tapa en todas las regiones.*

➡ ***Puñao** ("puñado"), **escaldao** ("escaldado"): ver comentario anterior.*
➡ *En la lengua coloquial, en Madrid y en otras partes de Castilla, es frecuente el llamado leísmo, es decir, el uso de **le** en lugar del pronombre normativo "lo" referido a acusativos no humanos.*

(En la casquería)

CALLOS A LA MADRILEÑA

- ¿Cuántos kilos queréis?
- Cinco kilos, cinco kilitos vale. Éstos se cortan en tajaditas así, de este tamaño, por ejemplo. Así más o menos. Entonces, luego, se lleva a casa y se tiene un ratito con agua y vinagre, como media hora o una hora. Luego, ya se aclaran bien y se

➡ *Los españoles han sido tradicionalmente grandes consumidores de despojos, es decir, de vísceras de animales: riñones, lengua, sesos, hígado, tripas, mollejas... No deja de apreciarse, sin embargo, un gran descenso de su popularidad, especialmente entre los jóvenes. En la cocina tradicional de todas las regiones existen multitud de recetas en base a estos productos, y los **callos** es uno de los platos más típicos de la cocina madrileña.*

ponen a cocer, con agua fría, siempre.
- ¿Cuánto tiempo?
- A cocer en la olla, como una hora, una hora, aproximadamente. Y al cocer se le echa, pues, verdura, un tomate, un puerro, una cabeza de ajo, una cebolla, una hoja de laurel, muy sencillo. Se le echa también, pa hacerlos a la madrileña, que son muy típicos, **chorizo y morcilla**. Y luego ya, pues, una vez cociditos, se dejan y es mejor de un día para otro... Hacerlos un día antes.

¿QUÉ VAN A COMER?

- Hola, buenos días.
- ¿Qué tiene hoy, por favor?
- Hoy hay de primero **lentejas**, muy buenas, estofadas, ricas. Hay gazpacho o ensalada. Despúes, hay pescado o filete, fruta, pan y vino por **mil cien**. De pescado, tienen... **calamares fritos**, tienen ustedes... Tienen emperador a la plancha y el filete de ternera, bueno.
- ¿Con patatas?
- Sí, **claro, con patatas**. Está rico.
- Pues, yo, algo frío prefiero.
- ¿Algo frío?
- Sí. La ensalada, ¿de qué es?
- ¿La **ensalada**? Pues de lechuga, tomate, cebolla...
- Pues voy a probar el gazpacho, mejor.
- Gazpacho.
- Un gazpacho.
- Yo, ensalada, y de segundo yo voy a tomar emperador a la plancha, por favor.
- Emperador a la plancha.
- Pues yo también emperador.
- Y yo, si hay **sepia**, sepia, y si no emperador. ¿Va con guarnición de ensalada el emperador?
- No.
- Y para beber, ¿qué queréis? ¿Vino?
- Yo, agua.
- Agua.

➡ *El* **chorizo** *y la* **morcilla** *son dos de los embutidos más populares en casi toda España. Ambos se elaboran con carne de cerdo y se condimentan de modos distintos según las regiones. Pero, en cualquier caso, el chorizo lleva siempre pimentón y tiene un intenso color rojo mientras que la morcilla se elabora con sangre, por lo que es negra. En algunas zonas, la morcilla lleva también cebolla o arroz.*

➡ *Las* **lentejas**, *como las demás legumbres, tienen un papel muy importante en la dieta de los españoles. Una familia tradicional española come una, o incluso varias veces por semana, judías, garbanzos o lentejas, y, en los menús de los restaurantes populares, la inclusión de un plato de legumbres es prácticamente obligada.*
➡ *Muchos de los españoles que trabajan en las grandes ciudades no tienen tiempo al mediodía de ir a sus casas a comer, pero siguen haciendo una pausa de cierta duración (de 14h a 15h o de 15h a 16h, más o menos). A pesar del gran incremento de la llamada "comida rápida", muchos suelen tomar una verdadera comida con varios platos. Existen, por esta razón, multitud de restaurantes que ofrecen menús populares al alcance del bolsillo de cualquier trabajador, que cambian ligeramente cada día. Como el del restaurante que visitamos, estos menús tienen un precio fijo* (**mil cien**) *que incluye dos platos, el segundo de ellos con guarnición, postre, pan y bebida. Los entrantes suelen ser pasta, sopa, ensalada, verdura o legumbres. Los segundos suelen incluir carne, pescado o huevos. Este segundo plato va siempre acompañado de una guarnición (patatas, arroz, verduras...), por eso Lázaro dice* **claro, con patatas**.
➡ *En España se consumen muchos cefalópodos de varios tipos:* **calamares, sepias**, *pulpos... Existen multitud de formas de prepararlos, pero lo más normal es que los calamares se frían, que la sepia se prepare a la plancha y que el pulpo se hierva o se guise.*
➡ *La* **ensalada** *tradicional lleva lechuga, tomate y cebolla, aunque actualmente se puede encontrar en la restauración española todo tipo de ensaladas de la cocina internacional.*

- ¿Todos agua?
- Yo **vino con Casera**.
- ¿Vino y gaseosa?
- Sí. Gracias.

➡ *El vino con gaseosa, frecuentemente denominada* **casera** *(una marca) es una de las bebidas más populares tanto en casa como en los restaurantes económicos.*

DE PRIMERO, GAZPACHO

- El gazpacho, pues, es una comida muy rica, porque tiene, a parte de eso... tiene vitaminas también, porque el tomate es muy rico en vitaminas, el pepino igual y, luego, es fresquita, para el verano, pues, es un plato **muy exquisito**. El gazpacho lleva tomate, pepino, lleva cebolla, lleva pimiento, lleva un poquito de ajo, lleva, luego, un poquito de mayonesa, agua, pan y, luego, ya batirlo. Aceite también, y un poquito de vinagre. Yo echo aproximadamente cuatro tomates, un pepino, un poquito de pimiento, media cebolla, un diente de ajo, una cucharada de mayonesa, un chorrito de vinagre, un chorrito de aceite y otro chorrito de tomate frito. Luego, el pan, también. Y luego eso depende ya de la cantidad que se hace, o sea, si se hace más cantidad, se echa más tomate. O sea, depende de la cantidad que se haga. Lo corto todo primero y luego lo paso por la **turmix**, bien pasadito, y ya a la nevera. Yo empiezo siempre por el tomate, luego, el pimiento, luego la cebolla, el pepino. La cebolla siempre la dejo para la última porque siempre lloras un poquito. Al picarla, salta a los ojos.

➡ *El* **gazpacho***, como cualquier plato de la cocina tradicional, se prepara de formas distintas según los lugares o las familias. De todos modos, la mujer de Lázaro explica una fórmula de las más extendidas.*

➡ **Muy exquisito***: construcción no normativa.*

➡ *Ha sido corriente en España, durante una época, llamar* **turmix** *(una de las primeras marcas que comercializaron estos aparatos) a cualquier tipo de batidora.*

DE SEGUNDO, PESCADO

- ¿Sepia?
- Sepia para él.
- Sepia para ti.
- ¡Qué bien huele!

- Éste es un pescado fenomenal.
- Huele fenomenal.
- Gracias.
- Bueno, jóvenes, que os aproveche.
- Gracias.

- Oye, huele fenomenal, ¿eh?
- **¿Un poquito?**
- Sí.
- ¿Los dos... los tres emperador?
- Él ha pedido sepia, con limón.
- Lo que pasa es que ha dicho el hombre que a lo mejor no había y, si no había...
- Oye, si no te vas a comer tus pimientos, me los das.
- Toma un poquito.
- Gracias. ¿Tú quieres emperador?
- No, gracias.
- ¡Qué bueno!
- Pero eso no son **pimientos de Padrón**, ¿no?
- No, los pimientos de Padrón son pequeñitos.
- ¿Me pasas el pan, por favor?

➡ ***¿Un poquito?***: *es prácticamente obligado en relaciones informales ofrecer lo que uno ha pedido a los demás comensales para que lo prueben. No está mal visto aceptar, pero no es obligatorio.*

➡ *Los **pimientos de Padrón** son unos pequeños pimientos verdes, típicos de Galicia. Algunos de ellos son muy picantes.*

Y DE POSTRE...

- A ver, ¿qué tenemos de postre?
- De postre, vamos a ver..., hay **arroz con leche**, **natillas**, hay helado, tarta helada, tarta de queso y arándanos, hay fruta, como por ejemplo, manzana, naranja, melón, sandía...
- **Yo, facilito**. Yo quiero tarta de queso...
- Tarta de queso, muy bien.
- Yo quiero arroz con leche, por favor.
- Arroz con leche.
- ¿Y el helado de qué es?
- El helado es **Tarta Comptessa**.
- Pues, una tarta, yo.

- Gracias.
- ¿Esto qué es?
- Tarta de queso. Y supongo que eso serán arándanos.
- **¿La puedo probar?**
- Bueno.
- Un poquito, gracias. Está buena, muy rica.
- Muy buena, muy buena. Un poquito **industrial**, pero buena.

➡ ***Arroz con leche*** *y **natillas** son dos postres muy populares. Las **natillas** se preparan con leche, azúcar, huevos y canela, y el **arroz con leche** consiste en hervir arroz en leche, azúcar y canela.*

➡ ***Yo, facilito***: *lo dice el cliente en el sentido de "Yo, nada complicado". Se entiende que la tarta es industrial y no exige esfuerzo alguno de preparación, ni espera.*

➡ ***Tarta Comptessa*** *es el nombre comercial de una tarta helada.*

➡ ***¿La puedo probar?***: *es una pregunta perfectamente legítima en un contexto como el que plantea el programa, una conversación informal entre amigos.*

➡ ***Industrial***: *el cliente hace referencia a que la tarta no es de elaboración casera.*

[?] ANTES DE VERLO

Puede sugerir a sus alumnos que reflexionen en grupos sobre cómo es una comida "normal" al mediodía en su país. Deberán mencionar el número de platos que se suelen tomar, el orden, los productos más usuales, la hora en que se realiza, con quién, así como la importancia de la comida del mediodía respecto a las otras comidas, etc.

UNA IMAGEN, MÁS QUE MIL PALABRAS

La fachada y la decoración interior del restaurante de Lázaro pueden ser imágenes muy estimulantes a la hora de hacer aflorar las interpretaciones y valoraciones que desde sus presupuestos culturales pueden hacer los alumnos.
Provóquelo con preguntas como:

¿Qué tipo de establecimiento creéis que es?
¿Qué tipo de gente creéis que va? ¿Cuándo?
¿Tú entrarías si pasas por delante? ¿Por qué?

¿CÓMO LO INTERPRETAS?

Tras el visionado, los alumnos, en grupos, elaboran un resumen de lo que han visto. En este caso harán una interpretación del programa tratando de responder a las preguntas siguientes sobre la dieta de los madrileños:

¿Comen bien?
¿Comen de forma sana?
¿Cómo es una comida "normal"?

En una puesta en común plenaria, se contrastarán las diferentes interpretaciones, con lo que se enfrentarán diversas percepciones de una misma realidad. De ello puede resultar una discusión sobre cuestiones culturales que sirva para entrenar estrategias en este ámbito.

[!!!] YO NO LO SABÍA

En estrecha relación con la propuesta anterior, puede pedir a los alumnos que tomen notas (para después comentarlas) sobre aquellos aspectos culturales que les han sorprendido, que han cambiado sus imágenes previas.

IGUAL Y DIFERENTE

Una forma sencilla de trabajar este aspecto es pedir a los alumnos que vayan anotando, durante el visionado, todo aquello que les llama la atención o que desconocen, por una parte, y por otra, todo lo que encuentran similar a sus propias culturas, respecto a ingredientes, forma de prepararlos, hábitos alimentarios en general, etc.

Se incluye una propuesta de este tipo en el ejercicio fotocopiable 1 del material fotocopiable.

¿DÓNDE ESTÁ EDU?

Edu aparece en este programa:
- en la droguería, dentro del mercado,
- en la tienda de alimentación, fuera del mercado.

LA MÍA

Cada alumno, o grupo de alumnos, recibe una ficha con tres nombres de productos de alimentación o de establecimientos que aparecen en el programa. Por ejemplo:

pescadería   aceitunas   pimientos

El alumno o grupo de alumnos deben identificarlos cuando aparecen en la pantalla.

LA LISTA

Planteado a modo de juego-concurso, los alumnos, distribuidos en equipos, tratarán de elaborar la lista más larga de productos que aparecen en el programa. Puede ser un buen momento para proponer un trabajo con diccionarios. En la puesta en común se evaluará qué equipo ha conseguido crear la lista más exacta y más exhaustiva.

1 Imagina que hoy vas a hacer la compra en el mercado de Antón Martín. Haz la lista de todo lo que vas a comprar para esta semana. ¿Lo has encontrado todo? ¿Qué no has visto? ¿Crees que no hay en España?

Comprar:

2 ¿Cuáles de estas cosas necesita Luciano para el menú de hoy? Márcalas en la casilla correspondiente. Si no te acuerdas de cómo se llaman, pregúntaselo a un compañero. ¿Qué ingredientes o productos le faltan? Haz una lista. Entre todos intentaremos no olvidar nada.

- ☐ pepinos
- ☐ cebollas
- ☐ filetes
- ☐ emperador
- ☐ calamares
- ☐ sardinas
- ☐ jamón
- ☐ tomates

- ☐ pollo
- ☐ perejil
- ☐ pulpo
- ☐ leche
- ☐ patatas
- ☐ canela
- ☐ huevos
- ☐ pan

3 Tú eres un cliente de El Lazarillo y éste es el menú del día completo. Con tres compañeros vais a simular estar allí y tener que decidir qué vais a tomar. Otro compañero, o el profesor, hará de camarero. Tomará nota y luego lo comunicará a la cocina.

MENÚ DEL DÍA

LENTEJAS
ENSALADA
GAZPACHO
***
CALAMARES FRITOS
EMPERADOR A LA PLANCHA
CON PIMIENTOS
FILETE DE TERNERA CON PATATAS
***
BEBIDA
ARROZ CON LECHE
NATILLAS
TARTA HELADA
TARTA DE QUESO CON ARÁNDANOS
FRUTA DEL TIEMPO

4 ¿Ya sabes hacer gazpacho? En grupos vamos a reconstruir la receta de la mujer de Luciano. Luego compararemos nuestras recetas. ¿Alguien de la clase sabe hacer gazpacho de otra manera?

el gazpacho

MISTERIO EN ALMAGRO

Este programa presenta una historia de ficción ambientada en Castilla-La Mancha. La intriga empieza en la estación de Atocha de Madrid, donde una chica compra un billete de ida y vuelta para la localidad manchega de Almagro. La misma chica recibe un extraño paquete de manos de un misterioso personaje antes de subir al AVE (tren de alta velocidad) para dirigirse a Almagro.

▶ **DURACIÓN: 13´ 25´´**

▶ **TEMAS CULTURALES:**
   - proporcionar al alumno imágenes de situaciones relacionadas con el ámbito de los viajes, los transportes y el alojamiento,
   - Almagro: una histórica ciudad manchega.

▶ **COMUNICACIÓN:**
   - recursos para desenvolverse en viajes,
   - relato,
   - formular hipótesis.

MISTERIO EN ALMAGRO

➡ *Almagro es una pequeña ciudad manchega, situada en el Campo de Calatrava, en pleno corazón de la comunidad autónoma de Castilla-La Mancha, a 22 kilómetros de su capital, Ciudad Real y a 200 de Madrid. Cuenta con un valioso patrimonio histórico debido a su importancia tanto en la Edad Media, cuando se convirtió en centro económico de la Orden de Calatrava, como en el Renacimiento. La comercialización del mercurio de las minas de Almadén, desde el siglo XV, el negocio del arriendo del azogue y la manufactura de la lana atrajeron la atención del más poderoso capital de la época de Carlos V. Los banqueros Fugger centralizaron en Almagro buena parte de su actividad económica. Así, Almagro se convirtió en uno de los principales centros de la actividad económica en la Castilla del Renacimiento. Entre los edificios de mayor interés hay que destacar el Corral de Comedias (ver nota).*

ESTACIÓN DE ATOCHA: MADRID 08:30

- Hola, buenos días. El próximo tren a **Ciudad Real**, ¿a qué hora sale?
- A las nueve y cuarto.
- A las nueve y cuarto. Y el último, ¿a qué hora regresa a Madrid?
- El último de Ciudad Real a aquí... lo tenemos... a las diez menos veinte.
- A las diez menos veinte. Y antes, ¿tienen algún otro?
- Antes tiene otro a las ocho menos diez.
- ¿Y sobre las cinco hay alguno?
- Cinco... A las cinco y media **tienes** uno.
- Muy bien, pues me da un billete de ida y vuelta. Ida a las nueve y cuarto y vuelta a las cinco, para hoy.

- ¿Sí? Sí, sí, lo tengo. Sí, estoy tranquila. Todo bien. El tren llega a las diez a Ciudad Real. A Almagro, en taxi. Todo bien. De acuerdo. Sí, estoy tranquila. Muy bien, hasta luego.

➡ *Atocha es una de las estaciones de ferrocarriles de Madrid. De ella parten trenes que se dirigen hacia el sur y, en particular, los trenes de alta velocidad (AVE).*

➡ *Ciudad Real es la capital de Castilla-La Mancha, una región de cultivos extensivos de cereales, vid y olivos.*

➡ *Obsérvese que el empleado de la estación de Atocha tutea a la pasajera.*

ESTACIÓN DE CIUDAD REAL
10:00

PARADOR DE ALMAGRO
11:00

- Hola, buenos días.
- Buenos días.
- Tenía una habitación reservada.
- ¿A qué nombre, por favor?
- Rodríguez Ruiz.
- Rodríguez Ruiz. Tenía reservada una habitación doble para una noche, ¿verdad?
- Sí.
- ¿Me permite el **DNI** por favor? Muchas gracias. Éste es el precio por persona.
- Muchas gracias.
- ¿Es tan amable de firmar aquí?
- Sí.
- Esto es para usted.
- Gracias.
- **El carné** se lo puede llevar.
- Muchas gracias.

- Hola, soy yo. Sí. Ya estoy en el Parador. Sí, voy ahora a llevarlo. Las doce y media. Muy bien hasta ahora.

CORRAL DE COMEDIAS
13:15

- Hola, soy yo. Sí, ya estoy aquí, en el Corral de Comedias. Muy bien. En un pozo. Sí, se encuentra entrando a la derecha, entre dos columnas. Muy bien, de acuerdo, pero rápido, que creo que me ha seguido alguien. Hasta ahora.

➡ *La Red de Paradores Nacionales es una cadena de hoteles cuyo propietario es el Estado español. Se caracterizan por estar ubicados en parajes de especial interés natural o en edificios históricos (palacios, conventos o castillos).* **El Parador de Almagro** *es un convento franciscano del siglo XVI.*

➡ **DNI** *son las siglas y la manera usual de denominar en España el Documento Nacional de Identidad, llamado popularmente* **el carné.**

➡ *El* **Corral de Comedias,** *uno de los edificios más emblemáticos de Almagro, suele ser considerado el teatro más antiguo de Europa conservado. Está situado en la Plaza Mayor, centro histórico de la ciudad, y dispone de una planta de ciento cuatro metros y medio de largo por treinta y siete de ancho.*
A finales del siglo XVI, a causa de disposiciones religiosas, el teatro abandonó las iglesias y las calles para recogerse en espacios públicos habilitados expresamente para darle cabida. Así nació el Corral de Comedias.
Simulando el patio de las posadas, se sentaba al público en los corredores que lo circundan. En la parte descubierta del patio, los espectadores asistían de pie a la actuación.
Se desconoce cuando dejó de ser teatro para convertirse en patio de vecindad. A pesar del cambio de uso, su estructura se mantuvo intacta, lo cual permitió recuperarlo a mediados del siglo XX. En 1955, se declaró Monumento Nacional Histórico Artístico y, actualmente, acoge todos los años el Festival Internacional de Teatro Clásico.

ANTES DE VERLO

Antes del visionado del capítulo puede proponer una "lluvia de ideas" en la que los alumnos digan qué les sugiere el título del programa, o con qué género televisivo o cinematográfico lo relacionan. También puede mostrarles las primeras imágenes para que especulen sobre el posible argumento. Estimule las propuestas de los alumnos con preguntas de tipo:

¿Quién puede ser la chica?
¿Y el misterioso paquete que lleva? ¿Qué puede ser?
¿A dónde creéis que va? ¿Por qué?

 UNA IMAGEN, MÁS QUE MIL PALABRAS

Congelando una imagen, puede realizar un trabajo de fijación del vocabulario relacionado con los viajes en tren.

 ¿CÓMO LO INTERPRETAS?

Tras el visionado, los alumnos, en grupos, elaboran un resumen de lo que han visto e imaginado, a modo de guión cinematográfico. Luego, en una puesta en común plenaria, se contrastarán las diferentes historias. Puede provocar una discusión para que cada grupo defienda su versión como la más verosímil, o la más original, o la más coherente, o la más divertida.

DOBLAJE Y SUBTITULADO

Los alumnos escriben en grupos un texto posible para subtitular o para doblar algunos fragmentos determinados del programa. En este capítulo, las conversaciones en la taquilla de la estación o en la recepción del Parador de Almagro pueden resultar especialmente idóneas.

 **¿DÓNDE ESTÁ EDU?**

En este programa, Edu, que lleva en los otros capítulos una camiseta a rayas blancas y rojas y va apareciendo en distintos lugares, se ha convertido en "el malo". Puede ser que algunos de sus alumnos lo identifiquen y otros no. Provoque la discusión sobre el tema con preguntas como las siguientes:

> **¿Conocéis al chico de la chaqueta de cuero?**
> **¿Os suena su cara?**
> **¿Quién debe ser?**
> ...

LA MÍA

Cada alumno o grupo de alumnos recibe una ficha con una breve descripción de una secuencia. El alumno o grupo de alumnos debe identificarla cuando aparece en la pantalla.

Ejemplos de las fichas que puede utilizar aquí:

> La chica entra en el vagón del tren.

> El chico le entrega un paquete.

> La chica esconde el paquete misterioso.

> La chica llama por teléfono.

> La chica llega a la estación de Ciudad Real.

LA LISTA

Planteado como juego-concurso entre equipos de alumnos, se les pide que elaboren una lista de sustantivos relacionados con el misterioso viaje a Almagro. Gana el equipo o el alumno que haya confeccionado la lista más larga.

1 Durante el visionado, podéis ir tomando notas de todo lo que sucede. Os servirá para luego interpretar la historia y aclarar el "misterio".

HORA	LUGAR	¿ALGO EXTRAÑO O MISTERIOSO?
....	....	....
....	....	....
....	....	....
....	....	....
....	....	....
....	....	....

Compara ahora tus notas con las de varios compañeros.

2 ¿Qué ha pasado realmente? Para empezar a discutir, podéis analizar estas tres posibles versiones de la historia completa. Anotad argumentos que apoyen la versión que os resulte más sugerente o más verosímil.

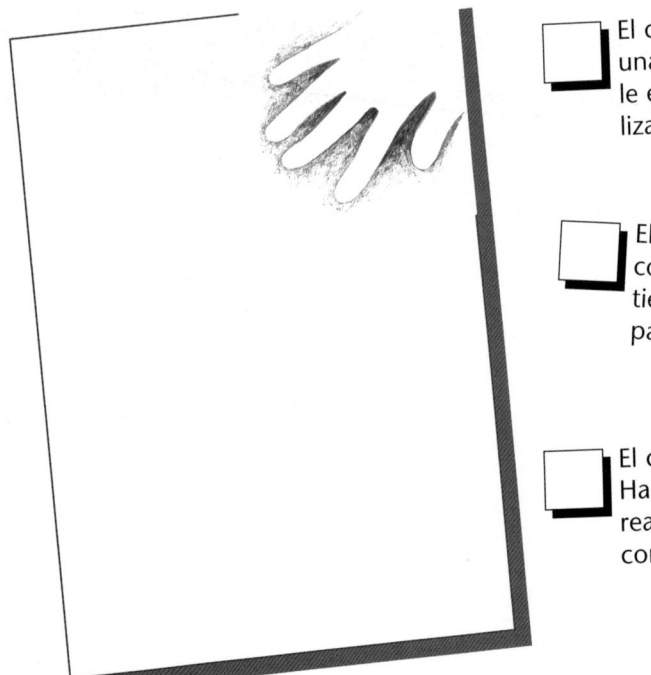

El chico es un espía que tiene que transportar una pieza de una terrible arma nuclear. Como le están siguiendo un grupo de mafiosos, utiliza a la chica para hacer el transporte.

El chico es un agente secreto encargado de contratar nuevos agentes. El paquete no contiene nada importante. Sólo quiere a la chica para saber si puede ser una buena agente.

El chico ha robado una famosa escultura de Picasso. Ha preparado una trampa para la chica, que, en realidad, es su novia. El chico quiere hacerle fotos con el paquete para acusarla a ella del robo.

3 El argumento de las películas suele explicarse en Presente, pero imaginemos ahora que fue un suceso real. ¿Cómo lo contaríais? Escribid un pequeño texto.

Misterio en Almagro

4 ¿Cómo serían las siguientes escenas de esta película? En grupos podéis continuar el guión y proponer una explicación lógica del misterio y un final. Podéis añadir personajes, inventar nuevos escenarios, etc.

Misterio en Almagro

La chica vuelve al Parador y entonces...

DE MADRID AL CIELO

En este programa hacemos un recorrido por las diferentes zonas de Madrid de la mano de sus habitantes. Visitamos los lugares más emblemáticos de la ciudad, hablamos con los madrileños sobre cómo ven ellos su ciudad, nos cuentan las ventajas y los inconvenientes de vivir en Madrid, nos hablan de cómo se ven a sí mismos, etc.

▶ **DURACIÓN:** 9´ 30´´

▶ **TEMAS CULTURALES:**
    - información sobre Madrid,
    - reflexión sobre la percepción que de su propia identidad tienen los españoles,
    - valores culturales vinculados a conceptos como "calidad de vida", "felicidad", etc.

▶ **COMUNICACIÓN:**
    - describir ciudades,
    - valorar y criticar,
    - describir el carácter y los hábitos de un colectivo.

DE MADRID AL CIELO

➡ *Es evidente que una gran ciudad llena de contrastes como es Madrid, difícilmente "cabe" en un pequeño reportaje como el que hemos realizado. Considérese, pues, que es una visión totalmente desprovista de cualquier afán de representatividad y exhaustividad. Se ha intentado, sin embargo, en la medida de lo posible, dar una visión variada tanto en lo humano como en el paisaje urbano e incluir tanto los lugares más turísticos (la Puerta del Sol, la Plaza Mayor, los viejos comercios del centro…) como el Madrid moderno. Las entrevistas se han realizado en varios lugares de la ciudad, pero especialmente en el Parque del Retiro, en una estación de autobuses próxima a la Plaza Castilla, en la parte norte de la ciudad y en el centro antiguo. Como hilo temático, se seleccionaron personas que trabajan en los servicios de la ciudad: un cartero, conductores de autobús, comerciantes, jardineros, un barrendero, etc. También fueron entrevistados varios ciudadanos de diversas edades: un ejecutivo, una ama de casa, estudiantes… Todo ello sin más pretensión que la de ofrecer una imagen plural de la ciudad y de sus habitantes.*

➡ *Quizá resulte sorprendente para sus estudiantes descubrir hasta qué punto valoran positivamente su ciudad los madrileños. Como se observará en este programa, la inmensa mayoría de los entrevistados, aun siendo conscientes de los problemas de la ciudad (contaminación, tráfico, problemas con la vivienda, etc.), los aceptan con resignación y consideran que, en general, en Madrid se vive muy bien. Debe considerarse que la actitud reflejada por los entrevistados coincide plenamente con los datos que proporcionan las grandes encuestas, que suelen dar como claro resultado que los españoles consideran que disfrutan de una buena calidad de vida.*

¿CÓMO ES MADRID?

Torres Kio

Estadio Santiago Bernabéu

Plaza Mayor

➡ *Torres Kio: estas dos torres inclinadas construidas en 1987 y situadas en el extremo norte del Paseo de la Castellana constituyen una de las imágenes más emblemáticas del nuevo Madrid.*
➡ *Estadio Santiago Bernabéu: el estadio donde juega el equipo de fútbol del Real Madrid se encuentra en pleno Paseo de la Castellana.*
➡ *Plaza Mayor: situada en pleno Madrid antiguo, esta plaza rectangular del siglo XVIII, antaño utilizada como coso taurino, es actualmente uno de los puntos turísticos más importantes de Madrid. En el centro, se encuentra una estatua ecuestre de Felipe III.*

- Madrid es todo un ejemplo de convivencia y de posibilidades para la gente que nos visita. Es una ciudad que trata muy bien, en general, a los extranjeros.

- Hay muchas cosas que hacer y muchas discotecas. Se sale mucho y **mola** mucho.

- Hay muchas maneras de formarte y muchas maneras de divertirte también.

Cuesta de Moyano

- Madrid es **una ciudad**, pues, **que se vive bastante bien**. Es una ciudad muy cómoda, muy agradable. Hombre, tiene los problemas, supongo, que de cualquier ciudad grande, de tráfico, de polución, de contaminación...

El Retiro

- Sí, hay problemas, mucha violencia, mucha contaminación también. Aquí hay mucha porquería. Si lo podéis ver, en **El Retiro**.

- La mayor inseguridad está siempre en el centro de lo que es las capitales.

- A pesar del tráfico y todo, pues, también tenemos la **Casa de Campo**, gozamos de bastantes buenos jardines...

- Madrid es un sitio bonito para venir y se está bien. La gente que viene aquí, turistas y demás, pues suelen volver porque es una ciudad bonita, aparte tiene muchos monumentos y es un sitio bonito para visitar...

➡ *Nuestro primer entrevistado es un argentino que lleva muchos años residiendo en Madrid.*

➡ **Mola** *es una expresión del argot juvenil que sirve para valorar positivamente cualquier cosa, en este caso la propia ciudad.*

➡ **Cuesta de Moyano:** *situada junto al Jardín Botánico, en esta calle se concentran gran número de puestos de ventas de libros de segunda mano.*

➡ **Una ciudad ... que se vive bastante bien:** *lo normativo sería "una ciudad en la que…" o "una ciudad donde…" pero este uso es muy frecuente en la lengua coloquial.*

➡ *Este joven jardinero es uno de los pocos entrevistados que tiene una visión crítica de Madrid.* **El Retiro** *es el mayor parque situado del centro de la ciudad. En su interior hay varios palacios.*

➡ *La* **Casa de Campo** *es una gran zona verde situada al oeste de Madrid. Es uno de los lugares más visitados por los madrileños los fines de semana para practicar deportes al aire libre, hacer picnics, tomar el aperitivo, etc. También se encuentran en la Casa de Campo, el Zoo, el Parque de Atracciones, un recinto para ferias y congresos y muchos restaurantes con terrazas.*

Palacio Real

- Es una ciudad que tiene bastante movimiento. Se puede ir a muchos cines, teatro, exposiciones, museos.

Gran Vía

Cine Doré

¿CÓMO SE VIVE EN MADRID?

- ¿Mi opinión sobre Madrid? Se vive muy bien. La gastronomía es bastante buena. **Comemos bastante bien.**

Fábrica de churros

- Bueno, yo creo que es donde mejor se vive, ¿no? **Sobre todo en agosto, que se va todo el mundo por ahí y se queda uno solo.**

Puerta del Sol

Río Manzanares

- Pienso que es **una ciudad que se puede vivir** bastante bien, que no es demasiado grande. No tiene las dimensiones que pueda tener, pues París, o que pueda tener cualquier ciudad americana. Entonces, yo pienso que se vive muy bien. Yo, por lo menos, estoy muy contento de vivir aquí.

- Se vive bien si se tiene dinero para divertirse y para trabajar también. Hay grandes problemas, grandes inconvenientes con los temas laborales, con la política, pero en fin…

➡ *Palacio Real:* situado junto al río Manzanares, este imponente edificio del siglo XVII domina la zona occidental de la ciudad. Residencia real hasta 1931, actualmente sólo se utiliza para actos oficiales.

➡ *Gran Vía:* una de las principales arterias de Madrid, es también una zona con multitud de cines, teatros y restaurantes.

➡ *Cine Doré:* este antiguo cine remodelado alberga actualmente la Filmoteca de Madrid.

➡ *En Madrid, la vida social y el ocio están muy vinculados a la gastronomía. Los encuentros entre amigos, la salida del trabajo con los colegas, las reuniones de negocios, etc., tienen lugar prácticamente siempre en algún tipo de establecimiento (cafetería, mesón, etc.) donde se toman "tapas" o en un restaurante donde se toma una verdadera comida. Es decir, cualquier contacto social suele estar asociado de algún modo a la comida.*

➡ *Fábrica de churros:* los churros son un típico desayuno madrileño. Se hacen a partir de una masa de harina que se fríe en aceite.

➡ *La mayoría de los españoles toman sus vacaciones de verano en agosto, por lo que la ciudad queda vacía, el tráfico es mucho menor, etc.*

➡ *Puerta del Sol:* centro neurálgico de la ciudad (en ella está marcado el kilómetro cero), esta plaza es uno de los puntos de encuentro típicos para muchos madrileños y visitantes.

➡ *Río Manzanares:* río que atraviesa Madrid.

➡ *Una ciudad que se puede vivir…:* ver comentario anterior.

DE MADRID AL CIELO

- Es imposible moverte a no ser que sea en metro. Luego, la vivienda, pues eso... la gente joven... no, en el centro no se puede ir a vivir porque, más o menos, **la vivienda es bastante cara**.

- En Madrid se vive fenomenal, mejor que en ningún sitio.

- Por la noche con el tema de discotecas y demás, sí, hay mucho ambiente.

- La gente es feliz y hay sitios para disfrutar y para ver museos y cultura, y en fin, cines y demás. Entonces, yo creo que en general, sí, se vive bien y se disfruta.

¿CÓMO SON LOS MADRILEÑOS?

- **Chulos**, no es que sean chulos. Lo que pasa, es que los madrileños, yo pienso que es un... No sé, hay de todo, como en todos los sitios hay de todo, ¿no? Hay chulos, hay menos chulos y sobre todo pues eso, hay gente de todo tipo, gente buena y gente mala.

- O sea, gente abierta a todo, gente dicharachera y gente, bueno, divertida.

- Los madrileños, en general, solemos tener un carácter bastante abierto y afable. Madrid es una ciudad que yo pienso que acoge a todo el mundo y en un plazo relativamente corto.

- El madrileño, en general es una persona amable, agradable, simpática, muy comunicativa, muy hospitalaria.

- Además, siempre se ha dicho que, bueno, que Madrid es una ciudad que es un poco... los madrileños. **Entonces hay mucha gente que ha venido de fuera** desde los años 30 y 40. Entonces, gran

➡ *El entrevistado se refiere al aumento de precios de la vivienda que, en Madrid, como en otras muchas capitales, genera un claro envejecimiento de la población en las zona céntricas.*

➡ *El estereotipo que pesa sobre el carácter de los madrileños es que son **chulos**. Es decir, se dice que suelen ser engreídos y que tienen actitudes desafiantes, prepotentes.*

➡ *Efectivamente tanto el rapidísimo crecimiento de Madrid en la posguerra como su tradicional papel de corte y centro del poder político ha hecho que, como a cualquier otra capital, hayan llegado masivamente personas procedentes de otras regiones.*

parte de la gente que vive aquí, en Madrid, no son de Madrid. Entonces, eso ayuda mucho a saber entender a los de fuera.

¿DE MADRID AL CIELO?

- Sin duda.

- De Madrid al cielo.

- De Madrid al cielo.

➡ *De Madrid al cielo es la expresión que mejor define el orgullo de ser madrileño. De Madrid no se puede ir a otro lugar mejor, como no sea el cielo. A veces se dice también "y desde allí un agujerito para verlo", en el sentido de que, aun estando en el cielo, uno podría añorar Madrid.*

❓ ANTES DE VERLO

En éste, como en cada capítulo de esta guía, se recomienda proponer a los alumnos actividades para recuperar sus conocimientos previos sobre el tema y para hacer aflorar posibles visiones estereotipadas que obstaculicen el acercamiento a la nueva realidad social que se les presenta en los vídeos.

En este caso, puede realizar una "lluvia de ideas" para reunir toda la información o supuestos que tienen sobre la ciudad. Anímelos con preguntas como:

> **¿Qué sabéis de Madrid?**
> **¿Dónde está?**
> **¿Es una ciudad grande?**
> **¿Es una ciudad moderna o antigua?**
> **¿Es una ciudad bonita?**
> **¿Tiene muchos monumentos?**
> **¿Creéis que se vive bien en Madrid? ¿Por qué?**
> **¿Qué problemas debe de tener?**

▰ UNA IMAGEN, MÁS QUE MIL PALABRAS

Puede resultar interesante congelar alguna imagen del programa: una calle con gente, una terraza del parque de El Retiro, o una plaza, por ejemplo. Los alumnos en grupos la describen con todo detalle. De este proceso surgirán inevitablemente interpretaciones diferentes cuya confrontación puede dar lugar a una interesante puesta en común.

❗ YO NO LO SABÍA

Como continuación de la primera actividad, puede pedir a los alumnos que, individualmente o en grupos, elaboren una lista de aquellos aspectos que han descubierto a partir del programa, lo que les ha sorprendido o aquello que ha transformado la imagen previa que tenían de Madrid.

◢▽ IGUAL Y DIFERENTE

Los alumnos comparan su propia ciudad con Madrid. Puede ser útil una fase de preparación en grupos guiada por un listado de temas: tamaño, calidad de vida, carácter de la gente, costumbres... Puede resultar también interesante conducir la reflexión hacia el análisis de los valores culturales que subyacen a las opiniones que dan los entrevistados.

Se incluye una propuesta de este tipo en el ejercicio 4 del material fotocopiable.

¿DÓNDE ESTÁ EDU?

Edu aparece en este programa:
- en la Cuesta de Moyano, hojeando un libro,
- en la guitarrería,
- en la esquina delante de la tienda de navajas,
- detrás de los conductores de autobús, mirando un mapa,
- al lado de una cabina telefónica, caminando hacia atrás.

En una puesta en común se puede discutir dónde ha aparecido y qué estaba haciendo.

 LA MÍA

A modo de repaso de vocabulario, cada alumno o grupo de alumnos recibe una ficha con una lista de elementos de la ciudad que aparecen en el programa. El alumno, o grupo de alumnos, debe identificarlos cuando aparecen en la pantalla. Por ejemplo:

un parque una terraza una plaza ...	un quiosco un museo una barbería ...	una iglesia un monumento una parada de autobús ...	una librería una fuente un banco ...

LA LISTA

Planteado como juego-concurso entre equipos de alumnos, se pide a los alumnos que elaboren una lista de términos relacionados con la ciudad que aparecen o que se mencionan en alguna secuencia, en algún bloque o en el programa entero. Gana el equipo o el alumno que haya confeccionado la lista más larga.

DE MADRID AL CIELO

1 ¿Te gustaría vivir un tiempo en Madrid? Antes de ver el programa, escribe varias razones por qué sí, o por qué no.

sí

....
....
....
....
....

no

....
....
....
....
....

2 Elige las seis palabras que mejor crees que definen Madrid y a los madrileños.

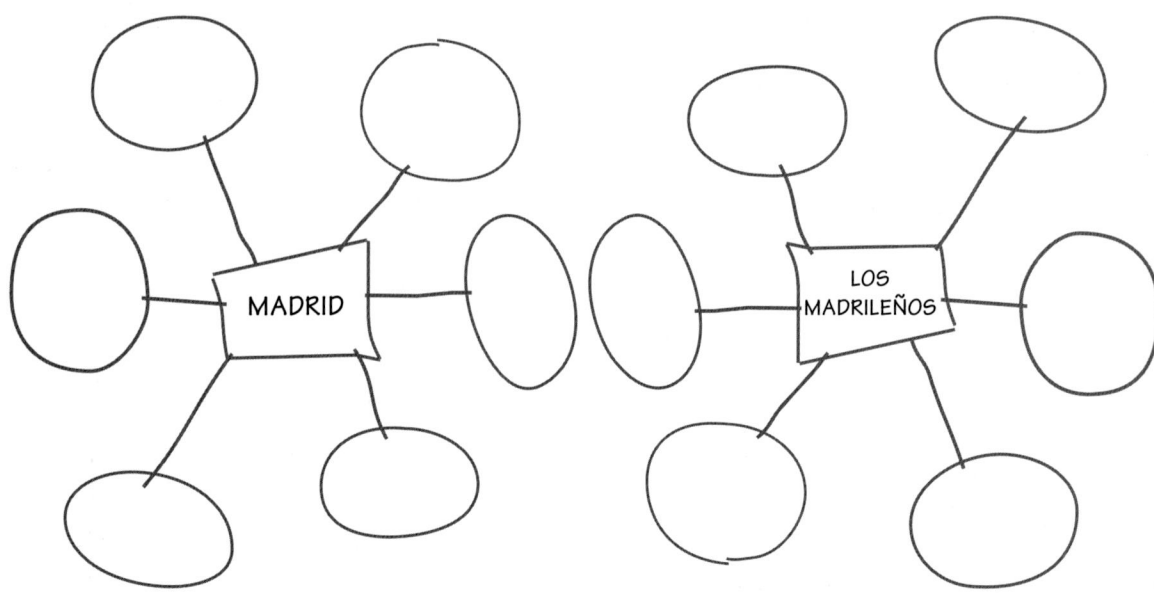

Ahora, compara tu lista con la de uno o varios compañeros. ¿Coincidís? Entre todos elaborad un esquema en el que todos estéis de acuerdo.

3 El concepto "calidad de vida" está muy relacionado con los valores culturales de cada sociedad. ¿Qué es importante para ti en una ciudad? ¿De qué temas hablan los madrileños al valorar su ciudad? ¿Qué diferencias observas?

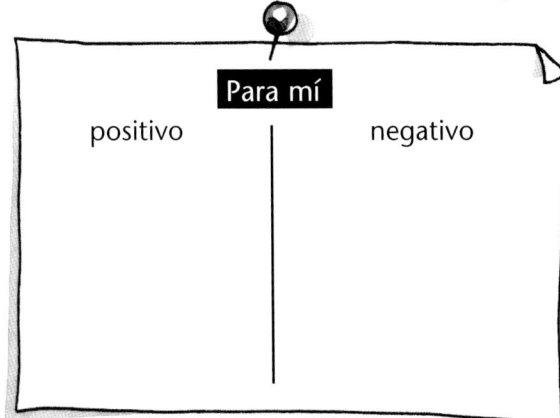

4 Imagina que tú y varios compañeros sois los guionistas de un programa parecido a "De Madrid al cielo", destinado a estudiantes extranjeros, sobre vuestra ciudad o sobre la ciudad en la que estudiáis español. Tenéis que:

➤ Decidir qué aspectos de la ciudad hay que mostrar

➤ Buscar un título o un eslogan

➤ Elegir a una serie de tipos de personas que hay que entrevistar

➤ Hacer una lista de las preguntas que formularéis a los entrevistados

➤ Buscar una música adecuada para cada parte del reportaje

➤ Escribir el texto de la "voz en off"

LOS ENCABO Y LOS NIEVA

En este programa acompañamos a Jens, un joven estudiante alemán, en su primer día en España, en un pueblo de la Sierra de Gredos (Ávila). Vemos cómo Eugenio Encabo, el padre de familia, le cuenta la historia del pueblo mientras dan un paseo y cómo le enseñan todas las habitaciones de la casa. Asistimos a una concurrida comida familiar, presenciamos la elaboración de la paella, el abuelo de la familia nos habla del vino en la bodega y, finalmente, damos un paseo por la huerta.

▶ **DURACIÓN: 17´ 15´´**

▶ **TEMAS CULTURALES:**
   - imágenes e información sobre algunos aspectos de la vida cotidiana de una familia española,
   - rituales en el ámbito de las visitas a una casa española.

 Puede hacer observar también a sus alumnos...
   - aspectos de la Castilla rural.

▶ **COMUNICACIÓN:**
   - describir un pueblo,
   - saludar y presentarse,
   - mostrar una casa,
   - hablar de la comida,
   - identificar productos,
   - frutas y verduras.

LOS ENCABO Y LOS NIEVA

JENS ES UN ESTUDIANTE ALEMÁN QUE PASA UNOS DÍAS EN SAN JUAN DEL MOLINILLO (ÁVILA) CON UNA FAMILIA ESPAÑOLA, LOS ENCABO Y LOS NIEVA

SAN JUAN DEL MOLINILLO

- **Jens**, como ves, un pueblecito pequeño, de la provincia de Ávila. Es pequeño porque aquí se depende de... también de la ganadería, no hay industria, no hay industria. Entonces, pues... las personas tuvieron que emigrar, ¿sabes? Han **emigrao**. Han emigrao porque en el invierno es bastante frío esto, al estar en la sierra, ¿comprendes?
- Mmm...
- Entonces, bueno... pero en el verano aquí hay mucho, mucho **público. Los fines de semana**... ya verás luego, cuando pasemos el pueblo, cuando lo recorramos, que te lo voy a enseñar todo, como vas a notar que hay bastante ambiente, ¿eh? Y es por eso, porque la gente que salió fuera, tanto a Madrid, como a otras ciudades de España e incluso al extranjero, y han **regresao**, se han hecho su casita en la capital, y entonces, los fines de semana y en verano, como es ahora, pues vienen, vienen aquí al entorno de su pueblo, pero, claro, no a vivir del pueblo...
- Ah, sí, claro...

➡ *Tal como se señala en el texto sobreimpreso, y a fin de obtener un máximo de espontaneidad en las situaciones filmadas, se reprodujo realmente la situación de un extranjero que visita una familia española. Un joven alemán,* **Jens,** *fue invitado a pasar un fin de semana en casa de los Encabo y los Nieva. Se consiguió de este modo que, durante el rodaje, todos los participantes actuaran de forma extremadamente natural porque la situación en la que estaban era del todo real: había que explicarle cosas a Jens, sin preparación alguna, sobre el pueblo, la casa, la familia, la comida, etc.*

➡ ***San Juan del Molinillo*** *es un pequeño municipio situado en la Sierra de Gredos, en la provincia de Ávila. Como muy bien explica Eugenio Encabo, la zona, tradicionalmente dedicada a la ganadería, ha vivido un fenómeno muy generalizado en el campo español: el éxodo rural. Una gran parte de los actuales habitantes de Madrid, a título de ejemplo, son la primera generación nacida en la capital y proceden de familias campesinas. Actualmente, San Juan del Molinillo, al igual que otras muchas poblaciones de la zona, se ha convertido en un lugar donde pasan las vacaciones o los fines de semana las familias de los que en los años 60 se trasladaron al extranjero o a zonas urbanas.*

➡ ***Emigrao, regresao,*** *etc.: como ya se ha comentado en otros capítulos, la perdida de la "d" en las palabras terminadas en "-ado" está muy generalizada en el español actual de España. Hay ejemplos en todo el capítulo.*

➡ ***Público****: aquí Eugenio la utiliza como sinónimo de "gente". Es un uso muy local.*
➡ ***Los fines de semana****: recuérdese que en España es relativamente frecuente disponer de una segunda casa, en el campo o en la playa, para los fines de semana y para las vacaciones.*

- Sino a veranear, a pasárselo bien, vaya, como tú te lo vas a pasar estos días que estés aquí con nosotros.

- Yo nací en el pueblecito éste, en Villarejo nací yo. En **Villarejo**, que está cerquita, está a la derecha, cuando lleguemos, que ya te enseñaré la iglesia, pues está a la derecha, subes una carreterita y está a 800 metros, y el otro es Navandrinal. Ves aquí, de frente tenemos un **disco-pub**, que ya lo frecuentaremos por las noches, lo pasaremos bien. Lo pasaremos bien, porque aquí se suele pasar bastante bien. Y esos dos pueblecitos que te he enseñado, los dos barrios que pertenecen al mismo ayuntamiento y todo... Concretamente, donde yo nací, que es el pueblo de Villarejo, pues ahí, emigraron muchos, muchos jóvenes emigraron en el año 60, 65 a tu país, a Alemania. Sí, concretamente, yo tengo familiares que emigraron a Hamburg.
- ¿Es verdad?
- Sí, sí, sí, y, en cambio, el otro pueblo, el otro barrio, que está un poquito más **retirao**, comenzaron a irse a Francia. Entonces el otro barrio más bien se ha..., se vinculó... más emigrantes a Francia que a Alemania, pero vamos, ya te irás dando cuenta estos días que vas a estar con nosotros, como te va a gustar. Ahora, ya en el verano, comienzan a venir, pues, hijos de esos emigrantes, que te vas a relacionar con ellos bastante bien. Ves, aquí tenemos la plaza del pueblo, que..., bueno, pues como normalmente en el invierno aquí los que residen son las personas mayores, personas mayores, pues no está muy bien ubicada, ¿no? Y eso de frente que tenemos ahí, como ves, es el ayuntamiento, ¿eh? El ayuntamiento. Aquí está el **autoservicio** del pueblo, la tienda, donde... la tienda, el supermercado está aquí.
- Sí, sí...
- Y aquí tenemos **otro bar**, otro bar, que ahora en el verano saca una terracita al exterior. Y estas señoras que vienen por

➡ *Villarejo, San Juan del Molinillo y Navandrinal son tres pequeñas aldeas que, a efectos administrativos, conforman un único municipio.*

➡ *Disco-pub: expresión que designa un local donde se pueden consumir bebidas y donde, en algunas horas o días determinados, se baila como en una discoteca. Es frecuente encontrar este tipo de local en las pequeñas poblaciones.*

➡ *Autoservicio: tienda en la que se venden alimentos y otros productos de uso doméstico.*

➡ *Otro bar: es bien sabido que los bares juegan un papel importante en la vida social de los españoles. Buena muestra de ello es que en una pequeña localidad como la que visitamos podemos encontrar varios.*

ahí caminando, pues son familia, que ahora te las presento, ¿eh? Amigas, mi suegra, ¿sabes lo que es "suegra"?
- Sí, sí.
- La madre de la mujer. La tía, mi cuñada, y ahora, te voy a presentar también a una hermana mía que estuvo en Alemania. Mira, ésta es mi hermana María.
- Encantada.
- Estuvo en tu país, en Alemania.
- ¿En Alemania?
- Sí, en Hamburg.
- Y ésta es una amiga.
- ¿Qué tal, **hijo**?
- ¿Qué tal?
- Bien.

➡ *Hijo: forma frecuente de dirigirse afectuosamente las personas mayores a los jóvenes.*

- Y te voy a presentar a un amigo de aquí del pueblo, que te puede contar también lo bien que se pasa aquí. Este señor también está en Madrid.
- Bueno, encantado.
- Un amigo alemán, que ha venido al pueblo.
- Pues nada, **esto es maravilloso**, ¿eh? **Podéis venir aquí cuando queráis. Sois bien acogidos y aquí se pasa bien.**
- Gracias.
- ¿Qué pasa Matías?
- Pues ya ves...
- Y ésta es mi suegra. Ésta es la madre de **mi señora.**
- Hola, ¿qué tal?
- Bien.
- Éste es el amigo alemán...
- Ya, ya, sí, sí...
- Que va a estar aquí con nosotros. Ahora nos vamos y nos tomamos una cervecita, ¿eh?
- Sí.
- Nos refrescamos un poquito.
- Vale.
- Y luego ya continuamos viendo el pueblo, ¿vale?
- Ok.
- Y vamos a subir también un poquito a la sierra.

➡ *El estar orgulloso del propio pueblo y manifestarlo, como puede observarse en la reacción espontánea del amigo que encuentran en la calle, está perfectamente admitido en la cultura española, hábito que contrasta con un ritual conversacional de cumplimiento casi obligado en otros ámbitos: rebajar el valor de lo propio.*
El vecino siente también la necesidad de manifestar hospitalidad, uno de los más valores más prestigiados en la cultura española en el ámbito de las relaciones sociales.
➡ *Puede resultar interesante hacer observar a los alumnos las presentaciones en lo que respecta a lo no verbal: se besan entre mujeres, y entre hombres y mujeres, los hombres estrechan las manos a los hombres, etc.*

➡ *Mi señora: equivale a "mi esposa".*

EN CASA

- Jens, ¿ya has dado la vuelta?
- Sí.
- Bueno, **¿y qué tal?**
- **Bien, bien ¿y tú?**

> ➡ *Jens interpreta la pregunta ¿y qué tal? de Julia como un saludo cuando en realidad ella le pregunta por su paseo por el pueblo.*

- El pueblo, bonito, ¿a que sí?
- Sí, tranquilo y bonito.
- Es bonito ¿eh?
- Sí.
- Venga, pues ahora te voy a **enseñar la casa** para que veas.
- Ok, vale.

> ➡ *Cuando se recibe una visita es costumbre **enseñar la casa**, incluyendo todas las partes de la misma. Suele establecerse durante la visita entre españoles una conversación perfectamente ritualizada donde el propietario describe las partes de la casa y el visitante va elogiando lo que ve.*

- Mira ésta es la cocina, es pequeñita, pero bueno, como estamos en verano mucho fuera, nos va bien. Ésta es mi tía.
- Hola, encantada.
- Mucho gusto.
- Y mi madre, que ya la conoces.
- Hola.
- Y ahora, ya pasamos al comedor.
- Ok.
- Bueno, pues éste es el comedor. Anda mira, están aquí, mira, Cristina.
- Hola, yo soy Cristina.
- Es mi hija, que acaba de llegar, **su chico** y la novia de mi hermano.

> ➡ ***Su chico**: equivalente actual de "su novio" en lenguaje coloquial.*

- ¿Cómo estás?
- Bien, bien.
- Encantada de conocerte.
- Bueno, pues nada, aquí ya lo ves lo que hay, ¿sabes? Bueno, pues, pasa para acá, que te enseño los cuartos, las habitaciones un poquito, venga.
- Hola.
- Hola.
- Ésta es la pequeñita.
- ¿Qué tal?
- Bien.
- Bueno, pues aquí está, ahora vamos a seguir viendo.
- Ok.
- Hasta luego.
- Y te enseño, bueno, ésta es la habitación de los chicos y ésta es, bueno, dónde está mi hermano.
- Hola.
- Hola.

- Hola, Marta.
- ¡Qué guapa es!
- Mira, mira, mira qué chico, mira, que es un invitado de tía Juli.
- Dile hola, dile hola, dale un besito o algo.
- Bueno, Jens, pues mira, esto es lo que tenemos aquí, ¿eh?
- ¡Qué bonito es!
- El jardín, **esta mesa** tan grande **que** nos juntamos todos a comer, a cenar...
Hombre, **¿qué pasa**, chicos?
- Hombre, ¿qué tal?
- Bienvenidos a San Juan del Molinillo.
- Gracias.
- Mi vecino, mi padre y mi cuñado.
- Gracias.
- Igual te digo. Bienvenido a San Juan del Molinillo.

➡ *Esta mesa ... que: lo normativo sería "esta mesa en la que", pero esta construcción está muy extendida en el español oral.*
➡ *¿Qué pasa...?: es una forma de saludo frecuente en la zona.*

EL DESAYUNO

- Como te darás cuenta, el corte que tiene es extraordinario, el corte que tiene es extraordinario.
- Bueno, habrá que ir sentándose, ¿no?
- Venga, iros sentando.
- Bueno, éste es el momento mejor del comienzo del día, porque nos hemos tomado **el cafetito cuando nos hemos levantao**, unos a una hora y otros a otra, todos. Un poquito de jamón, un poquito de tortilla...

(Fragmentos de conversaciones no transcritas)

➡ *Para una buena comprensión de muchas de las cuestiones culturales que plantea el capítulo, será bueno contextualizar las escenas y, en particular, el apartado del desayuno: se trata de un fin de semana en la sierra, la familia se ha reunido, hay tiempo... Hay que prever el peligro de una excesiva generalización, es decir, hay que advertir a sus alumnos de que no en todas las circunstancias los españoles desayunan de este modo y menos en la vida cotidiana en la ciudad. Sí resulta bastante general, en cambio, la costumbre de tomar un primer desayuno ligero en casa (un simple café, a veces), después de levantarse, cada miembro de la familia por su cuenta, tal como comenta Eugenio. Después, a media mañana, también los días laborables, mucha gente toma un segundo desayuno más consistente. En algunas familias este segundo desayuno puede convertirse, los días festivos, en un momento de encuentro, pero no es algo generalizable.*
En las imágenes aparecen varios productos muy consumidos en esta región: el jamón, al cual se dedica, como se ve en el capítulo, un culto especial, el chorizo y la tortilla de patatas, que puede ser consumida tanto en el desayuno como en una cena (menos frecuente resulta en la comida del mediodía). Todo ello acompañado del pan típico de las zonas rurales, las grandes hogazas.
Desde el punto de vista lingüístico resultará interesante hacer observar a los alumnos cómo se organiza la conversación: varias personas hablan simultáneamente en conversaciones cruzadas, los turnos de palabra se intercambian muy rápido, etc. No es preciso que los alumnos traten de comprender lo que se dice (el sonido no está en este apartado grabado con este fin) sino que observen y perciban rasgos generales del desarrollo de un encuentro familiar de estas características.

EL VINO DE MARIANO

- Mira, te voy a enseñar la bodega. Aquí es donde hacemos ese vino que tanto te gusta.
- ¡Ah! Interesante.
- Mira, las **tenajas**.
- ¡Qué tenajas!
- Esta tenaja, ¿sabes? Aquí es para cocer el vino. Antes... Aquí... Esto es un lagar, que se llama, una bodega.
- ¿Un lagar?
- Y el vino, ¿sabes cómo se hacía? Pisando con los pies. Aquí tengo... Éstas son garrafas, todas llenas de vino. Éstas son garrafas, y ya las ves, mira, ya las ves que tienen unas etiquetas, ¿no? Pues, en esas etiquetas pone de la tenaja que es, del año que es. Ahora, ¿tú quieres un vino de este año? Pues te busco una garrafa de este año, de hace dos años, de hace tres, de hace cinco...
- Muchos, ¿no?
- Sí. Y esta cubita tiene vino de hace ya seis años.
- ¿Seis años?
- Sí, pero nada más que... Esto está reservado nada más que para los amigos, ¿eh? Porque no se puede gastar mucho de esto, porque hay poco. Ahora lo vamos a probar.
- Ok. ¡Qué bueno! Es muy bueno...
- ¿Es bueno?
- Me gusta mucho.
- ¿Te gusta?
- Sí.
- Pero esto ten **cuidao**, que te puedes emborrachar con ello, ¿eh? El vino, el que es probador de vino, ¿sabes?, no hace falta que lo beba. Lo primero que tiene que hacer... Si tú vas a una bodega, lo primero que tienes que hacer es esto: mirar el color.
- Vale.
- Primero, el color, luego la nariz, y, entonces, luego ya, el paladar. No coger y beberlo. Primero hay que ver, a ver... Mira, tú nada más que veas el color que

➡ Muchas de las familias de origen campesino que mantienen su segunda residencia en la casa familiar conservan la costumbre de elaborar productos de forma artesanal para su propio consumo. Es el caso de esta familia, que produce su propio vino, sus embutidos y muchas conservas.

➡ Las **tenajas** también se llaman "tinajas", siendo este último término más común en la actualidad.

tiene a la luz, mira, ¿te das cuenta qué color tiene? Y el olor, la nariz...
- Mmm.
- Y entonces ya es cuando puedes probarlo con tranquilidad, que es bueno. Sabes si es bueno, sin probarlo, sabes si es bueno o no es bueno.
- Pero, no soy un experto.
- Ah, no eres experto.
- No.
- Sí, pero sabes que está bueno.
- Sí, y es bueno.
- Entonces, sí que sabes, sí que eres experto... ¡Dice que no! Mira, esto es un recorte que tenemos aquí, cuando nos juntamos cuatro o cinco amigos, ¿sabes?
- Sí.
- Porque es que **el vino solo**... no eso... Pues... Entonces no sé si hay por ahí algún cuchillo. Bueno, yo la navaja casi siempre la suelo tener en el bolsillo. Se corta un poquito pa... **pa que** entre el vino mejor, ¿sabes?
- Sí.
- Porque si no, **coge** uno **la castaña de seguida**. Y a ti, ¿no te gusta el jamón? ¿Partimos un poco?
- Sí.
- Bueno, pues entonces voy a por un cuchillo. Este jamón es mejor que el que has comido esta mañana. Te lo digo yo, porque aquél es comprado. **Este jamón lo hemos hecho nosotros, igual que hemos hecho el vino en las tenajas, hemos hecho el vino y hemos matao el cerdo y hemos curao el jamón, ¿sabes? O sea que es de casa todo**. Aquí no hay nada...
- Está bueno.
- Está bueno, por eso lo tengo yo, porque está bueno, si no, no creas que lo iba a tener. Toma otro cachito.

LA PAELLA DE MARUJA

- Bueno, mirad, esto es un sofrito que se hace para **la paella**, lo hago para la paella, pues con **ajito**, pimiento, luego echo los calamares que se frían, luego ya echo,

➡ *El **vino** raramente se consume solo en España. O acompaña las comidas o bien, si es consumido entre horas, se toma con alguna tapa: queso, embutido, o alguna otra cosa para picar.*

➡ ***Pa que**: forma coloquial de "para que".*

➡ ***Coger la/una castaña** significa "emborracharse" en lenguaje coloquial.*
➡ ***De seguida**: forma algo arcaica de "enseguida".*

➡ *Ver comentario anterior.*

➡ ***La paella** es un plato que, aun siendo de origen valenciano, se consume en la actualidad en toda España, por lo que podemos encontrar muchas diferencias en el modo de prepararse. Es, por antonomasia, el plato de los días festivos y su preparación siempre entraña un cierto ritual. En muchas familias, son los hombres*

pues, los otros ingredientes: las chirlas, para que se abran un poquito, el **congrio**, las gambas, las cigalas, los mejillones... Se rehoga el arroz, bien rehogadito, se echa el agua y a hacer la paella. La paella lleva ajo y pimiento, aceite, ajo y pimiento en el sofrito. Luego, echo los calamares para que se rehoguen un poquito, para que quede más jugoso. Luego ya se echan las chirlas y el congrio. Congrio abierto... Congrio abierto porque el congrio a la paella y a la sopa les da muy buen gusto. Es el **pescao** que más gusto da a la sopa y a la paella, el congrio. Puede ser abierto, puede ser **cerrao**. Lo que pasa es que el abierto tiene menos espina que el **cerrao**. El **cerrao** tiene mucha espina, y entonces claro, cuesta mucho luego comerlo, digamos. Luego ya se echa el arroz, se fríe bien para que quede bien revuelto... El final del arroz, pues... luego ya se cuece...

- Aquí está la segunda, ¿no? Venga.

- Muy buena, muy buena.
- Estupenda.
- Deliciosa, pero es que la que la ha hecho es una cocinera perfecta.

EL JARDÍN DEL ABUELO

- Éstos son los rosales, que han **estao** muy bonitos, en la primavera han **estao** muy bonitos. Estaba lleno de rosas, pero ahora ya... Ya mira, quedan cuatro nada más. Mira éste todavía tiene algunas más. Mira, esto es un olivo.
- ¿Un olivo?
- Un olivo. De éstos salen las aceitunas, de las aceitunas sale el aceite.
- Vale.
- El aceite de oliva, ése tan bueno que hay, ¿sabes? Mira, ése es un romero, mira qué bonito. Ése casi todo el año

los encargados de su elaboración, aunque no es el caso de nuestros anfitriones. Algunas familias toman la paella como plato único y otras, como los Encabo, de primer plato. Tras la paella, Eugenio se encarga de asar carne de cordero en la barbacoa.

➡ *Ajito*: forma diminutiva de "ajo".

➡ *El* **congrio** *llamado "abierto" es la parte del pescado próxima a la cabeza y el cerrado la parte de la cola.*

➡ *Es bastante habitual tener una huerta en la segunda casa, especialmente si se trata de zonas rurales.*

tiene flores. Y esto, ¡esto sí que...!
Porque ahora todavía no está maduro,
pero mira, mira qué monstruo. Éstos son
melocotones, melocotones. Éstos son
muy buenos. Mira, ésas son fresas. ¿Tú
sabes lo que son fresas?
- ¿Fresas? Sí.
- Mira, mira qué bonitas son, mira, míra-
las, éstas son las fresas, mira.
- Es muy seco, ¿no?
- ¿Está seco? Pues lo he **regao**. Mira, las
lechugas. Éstas son las lechugas de la
ensalada que nos hemos comido hoy.
Todas éstas son lechugas. Esto se llama
apio.
- ¿Apio?
- Apio, todo esto es apio, ¿sabes?
- Sí.
- Mira, esto son acelgas, acelgas, mira,
esto son acelgas.
- Es mucho trabajo, ¿no?
- Mucho trabajo. Pero como estoy **jubi-
lao**, tengo tiempo pa todo. Mira, éstos
son los tomates, mira qué tomates. Éstos
son los tomates, mira, ¿ves? Los tomates,
éstos son los tomates. Todo esto es de
tomates. Y éstos son los pimientos. Son
matas de pimientos. Mira, este manzano
qué bonito, mira.
- ¿Cómo se llama?
- Éstas son manzanas.
- ¿Manzanas?
- Manzanas de reineta, manzanas de reineta. Y éstos son todo melocotoneros,
melocotones. Por aquí hay pocos, pero
pasa por aquí. Y éstas son cebollas, cebollas, ¿cómo se llaman en Alemania éstas?
- ....
- Entonces, ¿no sabes lo que son cebollas? Pues una cosa que pica. Mira, mira
esto, ¿eh? Éstas son judías.
- Judías.
- Judías. Mira, qué buenas las hay aquí.
Mira, éstas, esto, ¿ves? Éstas son judías.

- Bueno, pues nada más te puedo expli-
car. Cuando vayas a **tu tío y a tu padre**,
pues se lo cuentas. Hemos **estao** en
Castilla y me ha estao enseñando la huerta, la casa...

➡ *Jens no identifica las cebollas y las confunde con ajos.*

➡ *El abuelo Mariano hace referencia a la amistad que le une con la familia de Jens.*

[?] ANTES DE VERLO

Para hacer aflorar posibles visiones estereotipadas de los alumnos que obstaculicen el acercamiento a la nueva realidad social que se les presenta en el programa, puede proponer una "lluvia de ideas" sobre qué imagen tienen de un pueblo español y de una familia española.

Se incluye una propuesta de este tipo en el ejercicio 1 del material fotocopiable.

UNA IMAGEN, MÁS QUE MIL PALABRAS

❶ Puede resultar interesante congelar alguna imagen del pueblo, por ejemplo, de la plaza, y que la describan con todo detalle. De este proceso surgirán inevitablemente interpretaciones diferentes cuya confrontación puede dar lugar a una interesante puesta en común.

❷ También puede ser interesante observar con detalle una imagen de la mesa durante el desayuno o la comida y proceder del mismo modo. Incite a sus alumnos a observar todos los detalles de la escena: cómo están colocadas las distintas personas, cómo van vestidos, cómo está dispuesta la mesa... En este proceso tomarán conciencia de muchos pequeños aspectos culturales y entrenarán su capacidad de vivir e interactuar frente a códigos y maneras de hacer distintas a las propias.

¿CÓMO LO INTERPRETAS?

Inevitablemente, si pedimos a los alumnos que elaboren un resumen de lo que han visto van a surgir muchas interpretaciones y valoraciones desde la perspectiva de los valores culturales de los alumnos. En una puesta en común, contrastar los resúmenes puede dar pie a una rica reflexión cultural.

Se incluye una propuesta de este tipo en el ejercicio 3 del material fotocopiable.

[!!!] YO NO LO SABÍA

Como continuación de la primera actividad, puede pedirles a los alumnos que, individualmente o en grupos, elaboren una lista de aquellos aspectos que han descubierto a partir del programa, lo que les ha sorprendido o que expliquen en qué se han transformado sus imágenes previas.

IGUAL Y DIFERENTE

Al realizar esta actividad habrá que ser especialmente cauto y hacer tomar consciencia a los alumnos del peligro de generalizar todo lo que han visto. Para ello, hágales reflexionar sobre la imposibilidad de ciertas generalizaciones en su propia cultura. Puede conducir esta reflexión con preguntas como:

> **¿Todas las familias tienen las mismas costumbres?**
> **¿Hay muchas diferencias?**
> **¿De qué dependen las diferencias?**
> **¿Se come igual en todas las regiones de tu país?**
> ...

Se incluye una propuesta de este tipo en el ejercicio 3 del material fotocopiable.

También conviene entrenar a los alumnos a que se fijen en lo común y no sólo en los aspectos diferenciales.

 DOBLAJE Y SUBTITULADO

Reelaborar la visita de la casa puede resultar interesante por tratarse de un tipo de conversación altamente codificado y una situación que los alumnos vivirán casi inevitablemente si entran en contacto con familias españolas.

 ¿DÓNDE ESTÁ EDU?

Edu aparece en este programa:
- en la mesa, comiendo paella.

1 Antes de ver el vídeo, imagina que te han invitado a pasar un fin de semana a casa de una familia española en un pueblecito de Castilla. ¿Cómo crees que van a ser las cosas? Compara tus notas con las de uno o varios compañeros. ¿Coincidís? Entre todos elaborad un esquema en el que todos estéis de acuerdo.

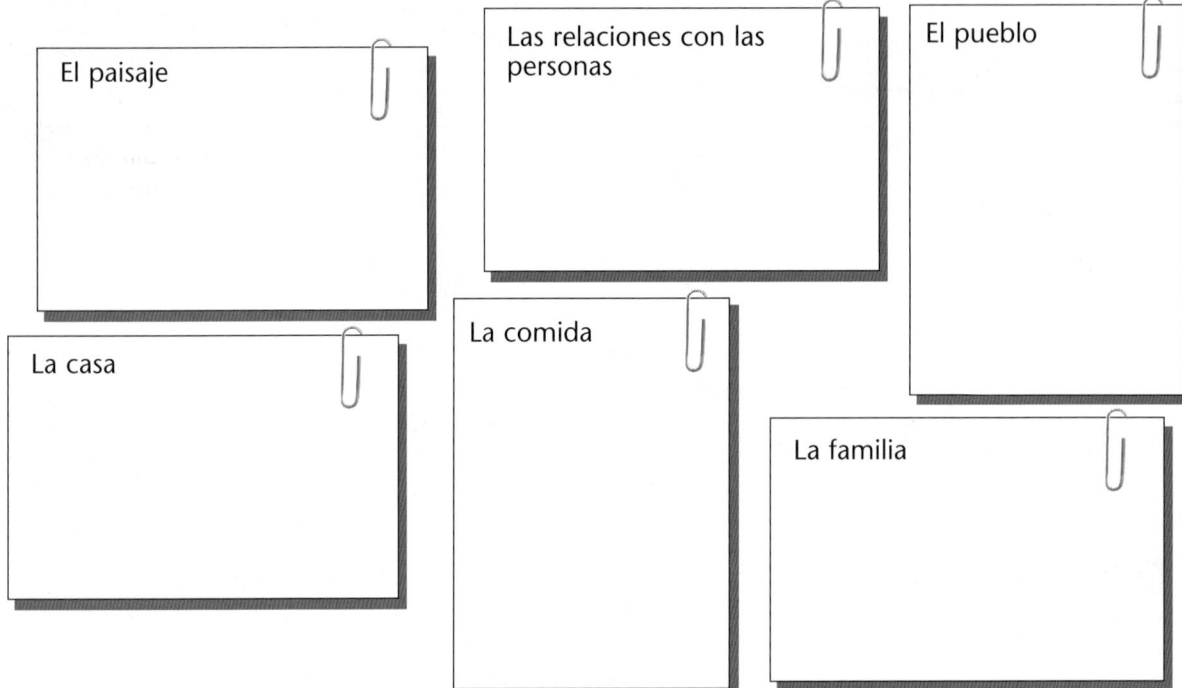

El paisaje

Las relaciones con las personas

El pueblo

La casa

La comida

La familia

Ahora volveremos a ver el programa y comprobaremos si eran exactas nuestras previsiones o si teníamos una visión muy diferente de la que nos presenta el vídeo.

2 Mira estas afirmaciones y marca si son verdaderas o falsas. Después, discutiremos toda la clase para ver si estamos de acuerdo.

	Verdadero	Falso	Depende
San Juan del Molinillo vive de la ganadería.			
En España es muy normal enseñar la casa a las visitas.			
Los hombres se besan al saludarse.			
Se desayuna siempre tortilla muy pronto por la mañana.			
Los españoles hablan mucho.			
Los españoles beben mucho alcohol.			
Es bastante normal pasar el fin de semana en familia.			
La comida es muy importante para los españoles.			
San Juan del Molinillo es un pueblo muy animado.			
En este pueblo se vive muy bien.			
El arroz se puede comer con pan.			

3 Antes de ver el programa y de ver algunos aspectos de la vida de una familia española, vamos a pensar en nuestra propia cultura y en nosotros mismos. Trata de señalar la afirmación con la que estás más de acuerdo. También puedes añadir otras ideas.

en mi país

☐ Los pueblos son bastante diferentes según las regiones.
☐ Todos los pueblos son muy parecidos.

☐ Es muy fácil describir a una familia "típica".
☐ Es difícil describir a una familia "típica".

☐ Más o menos todo el mundo come igual.
☐ La comida es muy diferente en familias distintas.

yo

☐ Cuando estoy en una cultura diferente, enseguida entiendo cómo funciona todo.
☐ Cuando estoy en una cultura diferente, hay cosas que no entiendo o que no percibo y tengo que preguntar.

☐ Hay países que tienen costumbres raras.
☐ No hay costumbres raras o normales. Cada cultura organiza las relaciones sociales de forma distinta.

☐ A mí no me gusta encontrar personas o cosas diferentes a las que conozco.
☐ Me gusta descubrir nuevas culturas.

4 Imagina que has estado, como Jens, un fin de semana en casa de los Encabo y los Nieva. Escribe una carta, una postal o un correo electrónico a un amigo en español para contarle tus experiencias.

Cuéntale…
- cómo es el pueblo,
- cómo es la casa,
- cómo es la familia y sus diferentes miembros,
- qué habéis hecho,
- cuáles han sido tus experiencias: qué te ha sorprendido, qué te ha gustado…,
- qué has aprendido de España y de su cultura en este fin de semana.

5 Reúnete ahora con un compañero y tratad de hacer una lista de características que tendría la misma situación (un amigo extranjero visita vuestra casa) en vuestra cultura. Luego, lo explicaréis al resto de la clase.

ÁLBUM DE RECUERDOS

En este programa entrevistamos a tres personas, una hondureña, un ecuatoriano y una española, a quienes las circunstancias les han llevado a vivir fuera de sus países de origen. Nos cuentan sus recuerdos de infancia, de adolescencia y de sus años de estudiantes. Hacen balance de las experiencias más importantes de sus vidas y nos explican qué esperanzas y deseos tienen para el futuro.

▶ **DURACIÓN:** 14'

▶ **TEMAS CULTURALES:**
  - proporcionar al alumno información sobre tres personas de culturas diferentes: una hondureña, un ecuatoriano y una española.

▶ **COMUNICACIÓN:**
  - relatar,
  - dar información biográfica,
  - valorar hechos y situaciones del pasado.

ÁLBUM DE RECUERDOS

ROSIBEL

- Hola, soy Rosibel Vindel. Soy de Tegucigalpa, Honduras.

ALEXIS

- Me llamo Alexis y soy ecuatoriano. Nací en el año 61.

SORAYA

- Soy Soraya. Soy española. Nací en **Bilbao**. Tengo 28 años.

RECUERDOS DE INFANCIA

- Nací en una familia con muchos hermanos, somos siete hermanos. Yo soy casi la **benjamina** de la familia. Tengo un hermano menor que yo. Recuerdo lo bien que lo pasaba con mis hermanos, que éramos muchos. Salía a jugar con ellos… Recuerdo los veranos en el pueblo, en el río, en las piscinas, aquellos veranos **que duraban cuatro meses** y que ya ahora no duran ni cinco días…, las vacaciones, lo mucho que me gustaba aprender e ir a la escuela y estar con los profesores y mis ilusiones, mis sueños de aquella época. Quería ser bailarina, quería ser actriz, quería ser astronauta. Cada día quería ser una cosa diferente.

- Bien, pues mi infancia fue… a la vez que muy bonita y con muchas vivencias, ha sido algo inestable. Pues, recuerdo que estuvimos una temporada larga en **una colonia** que se llamaba Las Colinas y estuvimos viviendo ahí aproximadamente diez años. Y ahí cerca quedaba el **kinder**, la escuela. Después fue, más adelante, que mi madre fue quien nos metió en la escuela de música con mi hermana y fue ahí donde empezamos a… a empezar a conocer instrumentos, a cantar y a tocar guitarra, flauta y, entonces, recuerdo que

➡ *Las entrevistas se filmaron en la azotea de un edificio de Chueca, uno de los barrios más típicos del viejo Madrid. El decorado del programa lo constituyen, pues, el cielo y los tejados del casco antiguo de la ciudad.*
➡ *Se eligieron tres entrevistados que, aun siendo ciudadanos corrientes, tuvieran una biografía interesante, hubieran vivido fuera de sus lugares de origen, etc. También pareció más rentable elegir a tres personas de procedencias y perfiles muy diferentes.*

➡ *__Bilbao__ es la mayor ciudad del País Vasco, aunque no es la capital, que es Vitoria.*

➡ *__El benjamín__ o __la benjamina__ son, coloquialmente, los más pequeños de una familia.*

➡ *Las vacaciones escolares de verano son, en la actualidad en España, muy largas (casi tres meses) y lo eran incluso más antes.*

➡ *__Una colonia__: término usado en la mayoría de países de Centroamérica como sinónimo de "barrio" o "urbanización".*
➡ *__Kinder__ es un término muy usado en América Latina para designar la escuela de los más pequeños, el parvulario.*

en cada reunión familiar mi madre siempre nos ponía a tocar y a cantar y yo lo detestaba. Bien, pues aquí estoy con mi padre, mi madre y mi hermana, que también está aquí en España, y las dos estamos aquí estudiando teatro. Pero aquí... bueno, en la foto, estamos en un día de campo. Todos los fines de semana mi padre nos llevaba de campo y comíamos y todo esto. Y, bueno, luego fue que nos pasamos a otra... Nos fuimos fuera de la ciudad, de Tegucigalpa, y vivimos un año fuera de la ciudad, en una casa de campo preciosa donde teníamos animalitos, y ordeñaba vacas, montaba a caballo y, bueno, teníamos un contacto con la naturaleza muy bueno.

- Yo soy el tercero de siete hermanos, una familia numerosa que me ha dado, desde luego, muchas satisfacciones y, de manera especial, aquella de poder compartir el crecimiento con muchos hermanos, tanto chicos como chicas, y ha sido una experiencia verdaderamente muy agradable. Mi familia a pesar de ser de **Otavalo**, pasó a vivir a la ciudad de Quito, de tal manera que Otavalo se ha convertido para mí en esa ciudad en la que he podido pasar las vacaciones, ese tiempo tan divertido, con esa enorme despreocupación que **la pasas** cuando eres pequeño. La verdad es que puedo decir que mi infancia ha sido una de las etapas más bonitas de mi vida. No puedo decir que sea en realidad la mejor porque tendría que decir, en general, hay otras etapas de mi vida que también son importantes.

➡ **Otavalo** *es una ciudad ecuatoriana situada al norte de Quito, famosa por su mercado de tejidos y artesanías.*

➡ **La pasas**: *en las variantes americanas es más frecuente "pasarla" frente a la forma peninsular "pasarlo".*

LA ADOLESCENCIA

- De mi adolescencia recuerdo la angustia que sentía por la situación que se vivía en **Euskadi** en aquella época y que dura hasta casi hoy en día, los conflictos sociales, los conflictos políticos, las contradicciones... No fue una época demasiado feliz de mi vida, mi adolescencia.

➡ *Hasta la actualidad se prolonga en **Euskadi** un gravísimo enfrentamiento civil y armado entre los sectores independentistas y los partidarios de que el País Vasco permanezca vinculado a España. Dicho enfrentamiento ha ocasionado multitud de víctimas y ha protagonizado los episodios más problemáticos y sangrientos de la reciente historia española. El problema vasco continúa siendo una de las mayores preocupaciones políticas de los españoles.*

- Estuve estudiando en un **colegio de monjas** porque la escuela, la primaria, terminó y ahí se terminaron mis clases de música. Después tuvimos que meternos en un colegio de monjas donde era muy aburrido. Tenía yo otro esquema de mi vida en ese entonces, tenía otras ideas y pensaba que quería ser monja. Pero después, poco a poco, mi mamá creo que notó que yo era demasiado pura, creo, demasiado radical en algunas cosas y entonces decidió meterme en un **colegio mixto** y entonces fue cuando empecé a conocer ya a chicos. Y empecé a llamar la atención, las llamadas telefónicas en la casa. Pues, creo que mi madre cumplió con su propósito y empecé a tener un novio. Y, bueno, ahí empezó la historia, ¿no?, de los amores.

➡ *En la mayoría de países hispanohablantes una parte importante de la enseñanza está controlada por instituciones religiosas católicas.*

➡ *Con la expresión **colegio mixto** se refiere a un colegio al que asisten niños y niñas.*

LOS ESTUDIOS

- Desde muy pequeña siempre quise viajar y conocer gente. Era una persona muy curiosa y con gran iniciativa y a los diecisiete años dejé mi casa y me fui a Moscú a estudiar, a **hacer una carrera**. La verdad es que no es que me quisiera ir especialmente a Moscú a estudiar, realmente lo que quería era irme de Bilbao. Entonces, decidí pedir una beca para hacer una carrera de astrofísica. Cuando me dieron la beca, me fui a Moscú. Me dijeron que no podía hacer esa carrera porque la Facultad de Astrofísica estaba cerrada para estudiantes de países capitalistas, con lo cual me dejaron la opción de hacer la carrera de Físicas, que es lo que hice al final, y estuve en Moscú viviendo desde 1988 hasta 1995, cuando me gradué en la Universidad de Moscú.

➡ ***Hacer una carrera** significa cursar estudios universitarios.*

- Después de estar en el colegio y mixto y todo eso, terminé mi carrera de maestra de música y empecé mi carrera de Periodismo…

- Es una parte importante de mi vida en el que **tengo** que decidir la carrera a seguir y, a pesar de tener varios problemas en decidir cuál de ellas, mi decisión

➡ *Nuestro entrevistado narra su biografía en presente (**tengo, va, estudio**), lo cual es perfectamente posible en español aunque no especialmente frecuente en una situación comunicativa como la que tenemos aquí (entrevista informal).*

va por la carrera de arquitectura. Y ésta es la carrera que yo **estudio** en la Universidad Central del Ecuador, en la capital, y también es una experiencia para mí también es una experiencia bastante buena.

EXPERIENCIAS IMPORTANTES

- La experiencia en Moscú fue muy interesante porque llegué en una época en la que estaba **Gorvachov** en el poder. Viví todo el proceso de la **Perestroika** y el mundo que yo conocí en aquel momento pues no tiene nada que ver con lo que es Rusia hoy en día…

➡ *El presidente **Gorvachov** fue el responsable del proceso de apertura democrática que vivió la antigua Unión Soviética, denominado **Perestroika**, y que, como señala la entrevistada, transformó totalmente el país.*

- Ésta es una foto que me gusta mucho de mi época moscovita, cuando llegué. Se puede apreciar el frío horroroso invernal por los jerseys que llevaba y los guantes. Recuerdo esta época como una época de **shock** total, porque yo llegué a Moscú, llegué a Rusia, sin tener la más mínima idea de adonde iba a ir y recuerdo mi sensación de extrañeza y de shock cuando llegué a Moscú y me encontré con lo que había, ¿no? Fue un año en el que lo pasé bastante mal, bastante mal, a pesar de que aquí tengo una cara muy risueña, fue un año muy duro. Había problemas para encontrar comida, abastecimiento, vivíamos en una residencia, teníamos que compartir una habitación con varias personas que no conocíamos, aparte de aquello teníamos que aprender el idioma…

➡ ***Shock** es un anglicismo que se emplea frecuentemente en español.*

- Ay, lo de ser **miss**… Pues vino en una etapa muy bonita y muy oportuna. Tenía yo una relación de un noviazgo de tres años. Era mi primer novio y, bueno, resulta que me di cuenta de que, allá decimos que nos **quemaba la pata**, que nos **ponía los cuernos**, salía con otros chicas… Pues, bueno, para quemar esa etapa, pues, me metí en un gimnasio y, en ese gimnasio, empecé a conocer gente, me hice muy amiga del dueño del

➡ ***Miss** es el término habitual para designar a las ganadoras de los certámenes de belleza.*

➡ ***Quemarle la pata** a alguien es la expresión correspondiente, en la variante hondureña, a la peninsular **ponerle los cuernos**, es decir, serle infiel.*

gimnasio y a él le venían cartas para mandar chicas, invitaciones para mandar chicas guapas a representar Honduras en certámenes de belleza. Y, bueno, como empezamos a hablar de todo un poco, pues, me preguntó si me interesaba viajar a Ecuador y la verdad es que en el momento que sucedió me pareció maravilloso y yo dije: ¿pues por qué no? Y me fui... Y, bueno, aquí tengo las chicas que participaron conmigo en el certamen de belleza en Ecuador, donde fui Miss Honduras, si es que no había quedado claro. Y bueno, todas eran **muy lindas, muy lindas gentes**. Después del certamen de belleza el presidente del país, **Abdalá Bucaram**, nos concedió un viaje a todas las chicas. Y nada, conocimos la ciudad y conocimos **Galápagos** y **la pasamos** maravillosamente bien. Estuve un mes. Y, bueno, aquí estamos con unas tortugas, aquí ya estamos... ya no somos misses, ya somos chicas normales.

➡ *Obsérvese que cuando dice* **muy lindas** *se refiere a la belleza física pero con* **muy lindas gentes**, *a sus cualidades como personas.*

➡ *Abdalá Bucaram fue presidente de Ecuador entre 1996 y 1997.*

➡ *Las Islas Galápagos constituyen uno de los archipiélagos de origen volcánico más espectaculares del mundo, por la enorme variedad de fauna (iguanas, galápagos, tortugas...) que alberga.*

➡ *La pasamos: ver comentario anterior.*

LA LLEGADA A ESPAÑA

- Mi empresa, con la que yo trabajaba de representante comercial, decidió dejar de tener actividades comerciales con Rusia y yo volví a España en diciembre del año pasado. Y, desde entonces, pues estoy aquí. Estuve varios meses en Bilbao con mi familia y, después de esto, pues, decidí venir a Madrid porque, bueno, me resulta más fácil, por el hecho de ser Madrid una ciudad grande, más parecida a las ciudades donde yo he vivido, como Moscú o **Londres**, y aquí estoy.

- Pues ya **tengo diez meses de estar aquí** en España. Vine a finales de septiembre y vine con la idea y propósito de estudiar teatro y hacer una carrera de teatro y formar una compañía de teatro en Honduras y poder lograr hacer algo por el teatro en Honduras, que no existe prácticamente y es muy difícil y a la vez tan necesario en mi país. Escogí España porque es un país que tiene historia de teatro y tiene teatro...

➡ *La entrevistada pasó también un tiempo en* **Londres** *pero no se ha incluido ese fragmento de la entrevista.*

➡ *Tengo diez meses de estar aquí: en la variante peninsular equivaldría a "llevo diez meses aquí".*

- Es mi hermana Suma quien ha llegado aquí a Madrid antes que yo, en cierta manera allanándome el camino y es con quien he contado yo para poder hacer realidad esta posibilidad de hacer un curso aquí en Madrid. Es así como hace ocho años que yo llego aquí a Madrid para hacer un curso de posgrado orientado hacia la gestión de las empresas de edificación. Bueno, ésta es la foto del día justamente en que yo emprendí el viaje para aquí, para España. Estaban a despedirme, pues, mi familia, mi madre y muchos amigos. Se nota mucho la sonrisa ilusionada que tenía yo de poder venir **acá**. Al final del curso de posgrado se me había concedido la posibilidad de convalidar parcialmente la carrera y hacerla en la **Universidad Politécnica de Madrid**. Esto lo he podido hacer gracias a qué conté en todo momento con la ayuda de mi hermana y me ha permitido estar aquí en Madrid realizando la convalidación de esta carrera.

➡ *Acá: en la variante peninsular sería "aquí" en este contexto.*

➡ *La **Universidad Politécnica** es una de las universidades públicas madrileñas y es en la que se concentran los estudios de carácter técnico: ingenierías, arquitectura, etc.*

Y AHORA...

- Estoy muy contenta de estar en Madrid, estoy trabajando actualmente. Comparto piso con una gente muy simpática. Vivo no muy lejos de aquí y bueno, espero que todo salga bien y poder estar en Madrid, pues, muchos años más.

- Bueno, desde luego, que hay cosas o locuras que se hacen por amor. Yo podría decir que estoy..., he hecho una, y es que me he quedado completamente enamorado de Madrid al poco tiempo de estar aquí y es por eso que he hecho la locura ésta de volver a repetir la carrera y, desde luego, la única intención es la de poder quedarme aquí en Madrid, poder quedarme aquí en España, para poder ejercer como arquitecto.

- Bueno, no sé qué más decirles. La verdad es que me siento muy bien en esto y soy feliz. Soy feliz acá.

➡ *Ha dado la coincidencia de que los dos entrevistados latinoamericanos valoraban muy positivamente su estancia en España. Pero sería una generalización errónea interpretar que la integración de ciudadanos latinoamericanos, muchos de ellos obligados por razones políticas o económicas a exiliarse en España, resulte siempre tan fácil.*

ANTES DE VERLO

Para preparar el visionado y estimular la atención de los alumnos puede presentar, sin sonido, a las tres personas entrevistadas en las primeras secuencias y preguntar a los alumnos qué pueden imaginar sobre ellos.

Se incluye una propuesta de este tipo en el ejercicio 1 del material fotocopiable.

IGUAL Y DIFERENTE

Cada alumno puede elegir a uno de los tres entrevistados y tratar de encontrar, a lo largo del visionado, cosas que tenga en común con él o ella y señalar qué cosas les diferencian. Si lo cree oportuno, puedo fijar un número determinado de similitudes y diferencias (tres, cuatro, …).

NO ES VERDAD

El profesor puede formular una serie de afirmaciones sobre los tres personajes ante las cuales los alumnos deben reaccionar.

También se incluye una propuesta de este tipo en el ejercicio 1 del material fotocopiable.

ÁLBUM DE RECUERDOS

1 Hay impresiones que engañan. Antes de ver el vídeo completo, verás en los primeros minutos del programa, sin sonido, a las tres personas que vamos a entrevistar. ¿Cómo te imaginas que son? Lee estas informaciones sobre ellos, piensa si te parecen verdaderas, falsas o posibles y discútelo con tus compañeros.

Rosibel

	Sí, seguro.	Puede ser...	¡Imposib
es centroamericana.			
fue Miss Honduras.			
es periodista.			
es médico.			
estudia teatro.			
es soltera.			
de niña quería ser monja.			

Alexis

es español.			
es profesor.			
tiene más de cuarenta años.			
es arquitecto.			
ha estado veinte años estudiando.			
tiene tres hijos.			

Soraya

es argentina.			
es licenciada en Física.			
ha vivido en varios países.			
vive con su familia.			
es profesora de música.			

Tratad de poneros de acuerdo y guardad vuestras suposiciones. Después de ver el programa, veremos en qué hemos acertado y en qué no.

2 ¿Qué sabes ahora de cada uno de los tres entrevistados? Elige a uno de los tres, y toma notas sobre todo lo que recuerdas de él o de ella.

NOMBRE _____

La infancia
....
....

La adolescencia
....
....

Los estudios
....
....

Experiencias importantes
....
....

La llegada a España
....
....

Y ahora...
....
....

Ahora, busca a un compañero que haya trabajado sobre la misma persona y completad juntos vuestras notas. Con toda la información, trataremos de escribir un texto.

¿Cómo te parece que son de carácter los tres entrevistados? ¿Cón cuál de ellos harías estas cosas? ¿Por qué?

Iría a bailar a una discoteca con ....

Creo que me gustaría trabajar con ....

Podría pasar un buen rato charlando con ....

Me interesaría saber más cosas de ....

No me llevaría bien con ....

No tendría problemas para comunicarme con ....

Hazle una entrevista a un compañero de clase sobre los mismos temas. Primero, prepara una serie de preguntas. Luego, hazle la entrevista y toma nota de sus respuestas. Después, deberás informar al resto de la clase.

P ....

R

P ....

R

P ....

R

P ....

R

P ....

R